Malbec Malbec M

Malbec **Malbec** Malbec

lbec Malbec Malbec

Malbec MALBEC

EC Malbec **Malbec**

bec Malbec *Malbec*

bec Malbec Malbec

CARLOS GOLDIN

THE SECRETS
OF ARGENTINE

Secretos del *Malbec*

argentino

THE SECRETS
OF ARGENTINE MALBEC

Secretos del **Malbec** *argentino*

Dirección Editorial y Fotografías
Editor in Chief and Photographer
CARLOS GOLDIN

Texto de investigación histórica y corrección general
Historical research and text editor
SUSANA VARGAS

Traducción / English version
ANNA KASUMI STAHL

Director de Arte / Art Director
RICARDO CANGA

Pre-Impresión e Impresión
Pre-press and printing house
GRAFICA PINTER S.A.

Editor Responsable - Editor
CARLOS GOLDIN

ISBN 987-43-8034-9
Copyright © 2004 by Carlos Goldin
Primera Edición - First Edition, Agosto de 2004
Buenos Aires • Argentina

Las fotografías de este libro están disponibles
para ser licenciadas por Focus Stock Fotográfico S. A.
All photographies in this book are available
to be licensed from Focus Stock Fotográfico S. A.
Tel.: 5411 4822 5444

FOCUS
.com.ar

www.focus.com.ar

ARGENTINA
Secretaría de Turismo

With much precaution I drank a bit of that deep dark red liquid. When I brought it to my mouth, it flooded my mouth with sweet, indescribable flavors. The small-taste sensations were such that I wanted immediately to share them with the rest of the personnel. Never before that day had anyone been able to allow me to comprehend the true sensorial dimensions that can be awakened in a human being by a great wine. This marvelous work which, like an act of artifice, the wine-maker is capable of doing. That is how my first encounter with Malbec came about, at this point now, no fewer than fifty-six years ago.

Oenologist Raúl de la Mota

4

Con mucha precaución tomé un poco de aquel líquido de rojo oscuro profundo. Cuando lo llevé a la boca inundó mis papilas con sabores dulces e indescriptibles. Fueron tales las sensaciones olfato - gustativas que quise compartirlas con el resto del personal. Jamás hasta aquel día alguien había logrado darme a comprender las verdaderas dimensiones sensoriales que en un ser humano puede revelar un gran vino, esta obra maravillosa que como un artífice es capaz de lograr el hombre vinificador.

Así es como se produjo mi primer encuentro con el Malbec, hace ya de esto, nada menos que 56 años.

Lic. Raúl de la Mota

Agradecimientos / Acknowledgments

La lista de personas y entidades que me brindaron su ayuda para la realización de este libro es apreciable. Sin el valioso bagaje de material y conocimientos que me facilitaron y la paciencia que me dispensaron la tarea hubiera sido imposible. A todos deseo expresarles mi más cálido agradecimiento.

La chispa que encendió mi interés en realizar esta obra surgió con la lectura de los libros fotográficos sobre el Napa Valley, sobre el Cabernet y sobre el Chardonnay de mi colega Charles O'Rear, hace más de 10 años.

Al iniciar el proyecto, mis amigos bodegueros Mario y Ricardo Giadorou me brindaron consejos útiles, me dieron innumerables contactos con gente de la industria y me alentaron a llevarlo a cabo.

Ricardo Santos, reconocido entusiasta del Malbec, me recibió en su casa de Mendoza casi sin conocerme. Entre sorbo y sorbo de su excelente varietal, me manifestó su convicción de que la aventura en la que me internaba valía la pena y me ofreció datos y conexiones relevantes.

Ángel Vespa y el Ing. Juan Carlos Pina, Presidente y Gerente General respectivamente de Bodegas de Argentina, me abrieron sus puertas desde el primer día que conversamos. Sus apreciaciones, sugerencias y recomendaciones constituyeron una invalorable ayuda durante los dos años de trabajo.

En mis viajes por los caminos del vino de Argentina, tuve el honor de conocer y entrevistar a varias personalidades destacadas de esta industria. Su sabiduría e información guiaron mis pasos, me instruyeron y enriquecieron apreciablemente el contenido de este libro. Deseo agradecer especialmente la afabilidad, la cultura y la hospitalidad de Arnaldo Etchart y familia. Gracias a la deferencia de Arnaldo, soy miembro celebrante de su Cofradía de los Vinos de Altura.

En la casa de los Etchart, en Cafayate, Salta, coincidí por primera vez con Michel Rolland. Francés, reconocido como uno de los más grandes enólogos de la actualidad, Rolland se ha enamorado del Malbec y de la Argentina. Vestido con bombachas criollas, botas de carpincho y hablando un excelente castellano, visita varias veces por año a sus emprendimientos locales y a las bodegas que asesora. Tuve el agrado de compartir con él y Dany, su esposa, algunos almuerzos y charlas que aumentaron mis incipientes conocimientos sobre vinos. En su laboratorio de Luján de Cuyo, Mendoza, tomé algunas de las fotos que ilustran el tema.

Quiero hacer expresa mención de los siguientes: los decanos y eméritos Raúl de la Mota y Alberto Alcalde, los Ingenieros Carlos Tizio y Cristina Pandolfi y los Licenciados Alberto Arizu, Ángel Mendoza, José Galante y Walter Bressia. Sobresalientes profesionales de la vitivinicultura argentina de los que recibí sustanciosa información y enseñanzas.

También de los jóvenes Marcelo Pelleriti, Mauricio Lorca, Alejandro Roca, Arnaldo Etchart (h), Marco Toriano y Gabriela Celeste, entre otros, miembros de la nueva generación de expertos que ayuda a proyectar nuestros vinos al mundo. Y junto a ellos, los cosecheros, viñateros, ingenieros agrónomos, técnicos y personal de bodegas. Todos los que amablemente contestaron mis preguntas y posaron para mis fotos.

Para la producción fotográfica y la investigación técnica visité unos treinta establecimientos en varias provincias. Fue muy ilustrativo para mí notar cómo cada empresa, familiar o corporativa, aborda la misma tarea con idiosincrasias y estrategias diferentes. No obstante, y para nuestro beneplácito, la gran mayoría obtiene hoy productos finales de excelencia. Aunque en todos los casos tuve una acogida inmediata y cooperativa, me interesa resaltar la colaboración y el especial apoyo obtenidos de las siguientes bodegas: Catena Zapata, Terrazas de los Andes, Viñas de Altura, Dolium, San Pedro de Yacochuya y de las vinerías Terroir.

Varias instituciones mendocinas nos brindaron su apoyo facilitándonos información y servicios. Disfruté mucho sobrevolando y fotografiando las viñas de Agrelo y Perdriel desde el helicóptero de la Fuerza Aérea, IV Brigada Aérea- Escuadrón Lama. El Instituto Nacional de Tecnología Agropecuaria –INTA-, Estación Experimental Mendoza, y el Instituto Nacional de Vitivinicultura –INV- nos ilustraron y entregaron valiosa información técnica e histórica. Un especial reconocimiento merece la ingeniera Elba Romano, del INV. Los colegas de Diario Uno y Diario Los Andes nos apoyaron abriéndonos sus archivos y aportando contactos relevantes. El periodista especializado Enrique Varela nos permitió dar un anticipo acerca de este trabajo a través de su programa de radio.

Eduardo Blejman, director del vivero Mercier, de Luján de Cuyo, Mendoza, me facilitó el acceso a su establecimiento para fotografiar los procesos allí desarrollados e informarme sobre injertos, barbechos, yemas, sarmientos, hojas, variedades, clones y multiplicación de plantas de vid.

La Secretaría de Turismo de la Nación encontró atractiva mi propuesta y dio su apoyo de inmediato. Hoy, los circuitos turísticos de nuestro país conocidos como "Los Caminos del Vino" resultan de elevado interés nacional e internacional. Tengo confianza en que esta obra contribuirá a difundirlos adecuadamente.

Susana Vargas, periodista experimentada y compañera de tareas desde otros tiempos, condimentó esta experiencia con su intuición de mendocina por elección, su humor particular y su profesionalidad aceitada.

La carrera artística de Marcelo Brodsky, mi socio en la agencia fotográfica Focus, me sirvió para entender que, además de la actividad comercial, podemos compartir otro tipo de intereses. Sus libros, de una temática muy diferente a la de éste, me animaron a desarrollar algo propio.

El personal de Focus, a pesar de no estar directamente relacionado con este trabajo, me asistió en muchas tareas. Destaco particularmente la colaboración brindada por Marcela D'Amico, Claudia Martínez y Juan Carlos Ingratta.

Mis socios de Latin Stock, en especial Cristian Mouat, Laura Iñigo, Marcos Scheliga y Alejandro Becerra, ofrecieron su apoyo y entusiasmo desde la distancia.

El aliento y la comprensión de Patricia, mi esposa, fue uno de los pilares sobre los que construí esta obra. Ella y mis hijas, Julieta y Sofía, son el sustento de mi felicidad y de mi equilibrio emocional. A ellas les debo mi alegría y mi tranquilidad de espíritu.

The list of persons and institutions that gave me their support in realizing this book is considerable. Without the valuable baggage of materials and knowledge they provided me with, and the patience they extended to me, it would have been an impossible task. To all of them I express my warmest thanks.

The spark that first ignited my interest in this project was reading the books of photographs about the Napa Valley wine country, the cabernet and the chardonnay put out 10 years ago by my colleague Charles O´Rear.

When I began work on this project, my wine-maker friends Mario and Ricardo Giadorou gave me useful advice, innumerable contacts with others in the wine-making industry, and the encouragement to go ahead to bring the project to fruition.

Ricardo Santos, a renowned Malbec enthusiast, received me at his home in Mendoza hardly even knowing me. Between sips of his excellent varietal, he made his conviction clear: that the adventure I was embarking on would be worth the effort, and he offered me data and relevant contacts.

Angel Vespa and the engineer Juan Carlos Pina, President and Chief Executive Officer, respectively, of "Bodegas de Argentina" ("Wine Cellars of Argentina") opened their doors to me from the very first day we spoke. Their observations, suggestions and recommendations comprised an invaluable aid over the course of my two years of work.

In my travels on the wine-country roads of Argentina, I had the honor of meeting and interviewing various well-known personalities pertinent to this industry. Their wisdom and the information they provided guided my steps, instructed me and enriched the contents of this book considerably. I wish to thank especially Arnaldo Etchart and his family, for their friendliness, cultured refinement, and hospitality. Thanks to Arnaldo´s deference, I am a participating members in his Brotherhood of High-Altitude Wines.

At the Etcharts´ home in Cafayate, Salta, I first crossed paths with Michel Rolland. A Frenchman, recognized as one of today's greatest oenologists, Rolland has fallen in love with Malbec and with Argentina. Wearing the gaucho cowboy´s rough pants, carpincho (porcupine leather) boots, and speaking excellent Spanish, he pays visits several times a year to look in on his own local projects and on the wineries he treasures. I had the pleasure of sharing with him and Dany, his wife, many lunches and conversations that enhanced my budding knowledge of wines. At his laboratory in Luján de Cuyo, Mendoza, I took a few of the photographs that illustrate this topic.

I want to make mention of the following persons: the Deans and Emeritus Professors Raúl de la Mota and Alberto Alcalde, the engineers Carlos Tizio and Cristina Pandolfi and the oenologists Alberto Arizu, Ángel Mendoza, José Galante and Walter Bressia. Outstanding professionals in the wine industry and vitiviniculture of Argentina, from whom I received substantial information and instruction.

Also the younger people: Marcelo Pelleriti, Mauricio Lorca, Alejandro Roca, Arnaldo Etchart Jr., Marco Toriano and Gabriela Celeste, among others, members of the new generation of experts who are helping to send our wines out into the world. And together with them, the harvesters, vineyard fieldworkers, agricultural engineers, winery technicians and personnel. All of those who so kindly answered my questions and posed for my photographs.

To carry out production tasks for the photographs and technical research, I visited some thirty establishments in several provinces. It was quite illuminating for me to see how each company, be it family-run or corporate, approached the same work with its own idiosyncrasies and different strategies. Nevertheless, and with our approval, the great majority of them today produce truly excellent results. Although without exception I was given a prompt and cooperative reception, I would like to emphasize the collaboration and special support that was given to me by the following wineries: Catena Zapata, Terrazas de los Andes, Viñas de Altura, Dolium, San Pedro de Yacochuya, and the Terroir wine shops.

Several institutions in Mendoza gave us their support by providing information and services. I very much enjoyed lfying over and photographing the vineyards of Agrelo and Perdriel in a helicopter from the Air Force´s Fourth Air Brigade, Lama Squadron. The National Institute of Agricultural Technology and the National Vitivinicultural Institute enlightened us and gave us valuable technical and historical information. A special note of recognition must go to agricultural engineer Elba Romano, of the National Vitivinicultural Institute. Colleagues at the newspapers Diario Uno and Diario Los Andes supported us by opening their archives to us and by giving us relevant contacts. Enrique Varela, the journalist specialized in this topic, allowed us to talk publicly about our work on his radio program.

Eduardo Blejman, director of the Mercier greenhouses in Lujan de Cuyo, Mendoza, gave me access to his installations in order to photograph the processes that are carried out there and to learn about grafts, the fallow process, buds, vine shoots, leaves, varietals, clones, and the multiplication of grapevine plants.

The Federal Ministry of Tourism found my proposal compelling and backed it immediately. Today, the tourist circuits of our country known as "The Wine Roads" are a most interesting attraction, both nationally and internationally. I am confident that this book will contribute to adequately spreading the word about these roads and places.

Susana Vargas, experienced journalist and former work-mate, spiced up this experience with her intuition as a Mendoza resident by choice, her unique sense of humor, and her smooth professionalism.

The artistic career of Marcelo Brodsky, my partner in the Focus photography agency, helped me understand that, besides commercial activities, we can share other kinds of interests. His books, although thematically quite different from this one, inspired me to develop a project of my own.

The personnel at Focus, while not directly involved in this work, have helped me in many ways. I would like to emphasize in particular the collaboration provided by Marcela D'Amico, Claudia Martinez, and Juan Carlos Ingratta.

My Latin Stock partners – especially Cristian Mouat, Laura Iñigo, Marcos Scheliga, and Alejandro Becerra – offered their support and enthusiasm despite the distance.

The encouragement and understanding of Patricia, my wife, was one of the pillars of strength that allowed me to create this book. She and my daughters, Julieta and Sofia, are the basis for my happiness and my emotional balance. To them, I owe the joy and the calm of my spirit.

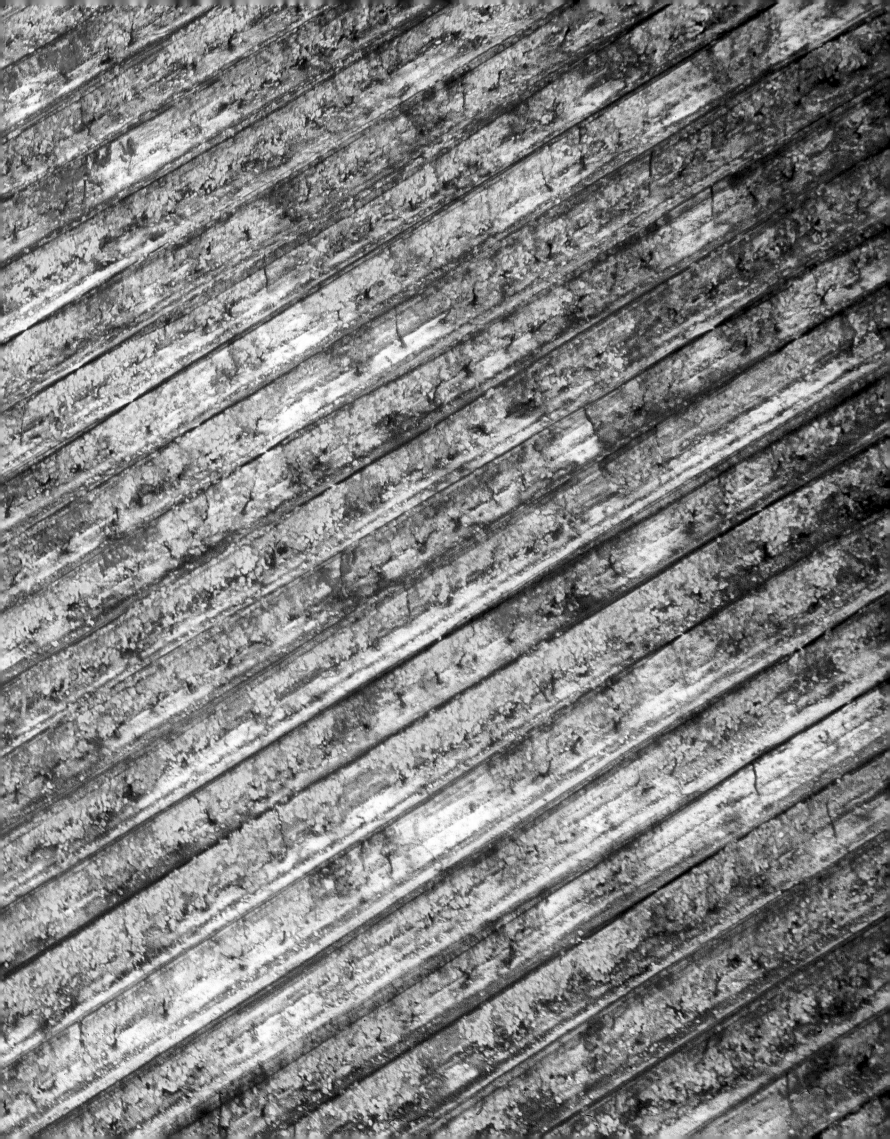

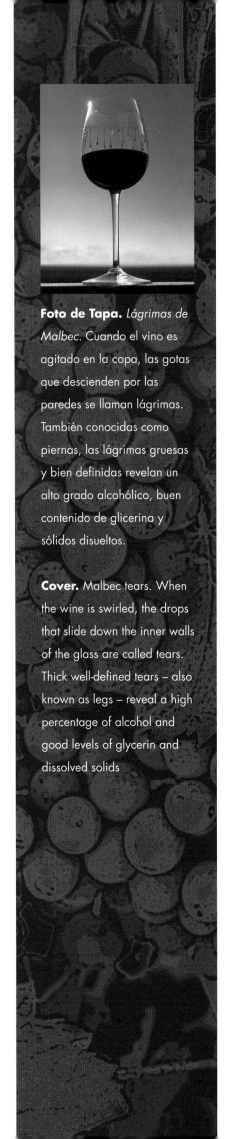

Foto de Tapa. *Lágrimas de Malbec.* Cuando el vino es agitado en la copa, las gotas que descienden por las paredes se llaman lágrimas. También conocidas como piernas, las lágrimas gruesas y bien definidas revelan un alto grado alcohólico, buen contenido de glicerina y sólidos disueltos.

Cover. Malbec tears. When the wine is swirled, the drops that slide down the inner walls of the glass are called tears. Thick well-defined tears – also known as legs – reveal a high percentage of alcohol and good levels of glycerin and dissolved solids

Plantación nueva de Malbec en la zona de Luján de Cuyo, amparada por el majestuoso Cordón del Plata, de la Cordillera de los Andes mendocina. Desde fines del siglo XX y comienzos del XXI son cada vez más las bodegas, nacionales e internacionales, que invierten en la plantación de viñas de altura. Los cultivos a partir de los 1000 mts de altura, dan vinos de más color, alto contenido de tanino y notable acidez.

Newly planted Malbec vines in the area of Luján de Cuyo, sheltered by the majestic Cordon del Plata ridge of the Andes mountains in the province of Mendoza. From the end of the twentieth century and on into the twenty-first, there is an increasing number of both national and international wineries investing in the cultivation of high-altitude vines in this region. Planting is done as from 1000-meter altitudes, and wine from the highest altitudes has more color, a higher tannin content, and notable acidity.

Uva Malbec lista para ser cosechada. La poda y la conducción de los cargadores son tareas imprescindibles en el otoño e invierno. Así se obtienen racimos organizados y con espacio suficiente para recibir una insolación adecuada para crecer en primavera y madurar en el verano.

Malbec grapes ready for harvest. Pruning and training the vines' growth are key activities in autumn and winter. In this way the clusters emerge in orderly formation, with enough room to receive adequate sunlight for growth in spring and ripening in summer.

Las escasas lluvias que se generan en las regiones vitivinícolas de Argentina obligan a recurrir al riego artificial. En la provincia de Mendoza –con una media anual de 200 mm- el agua de deshielo es distribuida por un complejo sistema de canales y acequias, herencia de los indios Huarpes y la influencia incaica. En fincas como esta de San Carlos, se aprovechan al máximo "los turnos de agua" para inundar los surcos con uno de los 10 a 18 servicios de riego anuales.

The low levels of rainfall in Argentina's wine-growing regions make irrigation a necessity. In the province of Mendoza – with an annual average of 200 mm – water from the thaw in the sierras is distributed by a complex system of canals and ditches handed down from the Huarpe Indians and the heritage of the ancient Incan civilization. On farms like this one in San Carlos each turn to receive the corresponding "water ration" is made the most of. The furrows are flooded with each of the ten to sixteen annual irrigation services.

Zona de Agrelo, Mendoza. Vista aérea de viñedos de Malbec después de la cosecha.

"Si lo comparo con una obra de arte mayor, digo que el vino Malbec es una composición equilibrada. El arte y el vino tienen cosas comunes; el que lo toma, al definirlo, quiere ser el artista y lo pinta" Ing. Agr. Alberto Alcalde.

The Agrelo area, province of Mendoza. An aerial view of Malbec vineyards after the harvest.

"If I were to compare it with a major work of art, I'd say that Malbec wine is a balanced composition. Art and wine have certain commonalities; a wine-drinker, when defining his wine, wants to be its artist – he paints it." Alberto Alcalde, Agricultural Engineer.

Tunuyán, Mendoza. Los trabajos de labranza y laboreo de suelos comienzan al amanecer y culminan cuando baja el sol. El concepto de que "el vino se hace en el viñedo" es la filosofía básica de los productores cuyo objetivo es la elaboración de grandes vinos. El criterio, en la elección del lugar de implantación de las vides, selección de variedades y clones, sistemas de conducción, riego, tratamiento de canopia, etc. es fundamental para reducir al mínimo la manipulación de los caldos durante el proceso de elaboración y añejamiento de los vinos.

Tunuyán, province of Mendoza. The work of plowing and tilling the soil begins at dawn and ends when the sun goes down. The idea that "the wine is made in the vineyard" is the basic philosophy of winemakers whose goal is elaborating truly great wines. The criteria used to decide where to plant the grapevines and which varieties and clones to select, which systems for training the vines, for irrigating them, and for managing the leaf canopy, etcetera, are all key in minimizing the variance in the juice during the wine production and aging process.

Manos que limpian. Manos que cuidan y seleccionan. Para hacer vinos de alta gama cada detalle es importante. Antes de ser volcados en el lagar, los racimos son seleccionados y limpiados cuidadosamente. Las uvas, recién cosechadas, deben contener la menor cantidad posible de hojas, tierra o elementos que generen gustos extraños durante la fermentación del mosto Una tarea amorosamente manual.

Hands that clean. Hands that nurture and select. To make top-quality wine, every detail counts. Recently harvested grapes must have the least amount possible of leaves, earth or other elements that can generate foreign flavors while the "must" is fermenting. Before being put in the crusher, grape clusters are selected and cleaned with care. A task done carefully by hand.

"El Malbec posee una distinguida y única composición de antocianos, donde predomina la malvidina, que le otorga ese matiz púrpura violáceo o rojo bordó, estable durante los primeros tres o cuatro años de vida. Este varietal tinto, que impresiona por su color rojo violáceo, tiene un gusto amable y largo. De taninos dulces, envolventes y mansos, como los mendocinos que lo producen." Lic. Ángel Mendoza.

"Malbec has a distinctive and unique composition of anthocyanins, with a predominance of malvidin, which gives it a purple or burgundy red color that remains stable for the first three or four years. This varietal red wine – with a striking crimson-purple hue but a kind, lasting taste, with sweet tannins, engaging and gentle – is like the people of Mendoza who make it." Angel Mendoza.

La Cordillera de los Andes y las viñas de Malbec. Paisaje clásico y distintivo de casi todas las regiones vitivinícolas de la Argentina.

The Andes mountain range and Malbec vines. The classic and distinctive landscape of almost all viticultural regions in Argentina.

THE SECRETS OF ARGENTINE MALBEC

Secretos del **Malbec** *argentino*

contenidos
contents

En frente

En otoño, las hojas de la vid del Malbec se tiñen de amarillos, ocres y rojos que pueden llegar al púrpura. Esta planta fotografiada en las cercanías de Tupungato, Mendoza, anticipa en sus hojas otoñales el violáceo profundo del vino Malbec.

Opposite

In autumn, Malbec grape leaves turn yellow, burnt orange, red, and can even become as dark as purple. The autumnal leaves of this plant, photographed in the area surrounding Tupungato, Mendoza, presage the deep purple color of Malbec wine.

prólogo

"Estos vinos son absolutamente fieles al varietal", le oí decir a Eugenio Jardim, sommelier de San Francisco, durante un almuerzo en California en el que se degustaban vinos Malbec. Y antes de que pudiera coincidir con él, repitió enfáticamente, "estos vinos no podrían ser otra cosa que Malbec argentinos". Los otros invitados, un grupo de los más destacados profesionales del vino de San Francisco, asintieron con entusiasmo. Me emocionó oír esos comentarios. Pude recordar los días no tan lejanos en los que el Malbec era considerado un varietal esotérico, casi completamente olvidado en Francia y quizás, sólo quizás, reapareciendo en Argentina.

Hoy, entre los connoisseurs, el Malbec es el varietal que más se asocia con Argentina. Es un fenómeno relativamente nuevo, a pesar del hecho de que en Argentina se encuentran los viñedos de Malbec más viejos del mundo – algunos de más de 100 años de antigüedad.

Los argentinos siempre han sido ávidos consumidores de vino, siguiendo la tradición de sus ancestros predominantemente españoles e italianos. Sin embargo, hasta hace poco tiempo, muchas bodegas argentinas no veían la necesidad de exportar sus vinos. A lo largo de la última década, un grupo de bodegueros y viticultores visionarios tomaron a su cargo el desafío de elevar la calidad del Malbec argentino. Con la ayuda de consultores e inversores extranjeros, a través de una apasionada dedicación y rigurosa experimentación, este grupo de visionarios argentinos ha conseguido elevar el conocimiento y prestigio del Malbec fuera de Argentina.

Afortunadamente, hemos sido bendecidos con un delicioso varietal que nos hace sentir patriotas. La versión argentina del Malbec, cuando es adecuadamente podada y cuidadosamente irrigada, fácilmente produce viñas bien balanceadas y fruta de óptima concentración. El Malbec argentino tiene racimos y granos pequeños, los que, cuando se cultivan en el microclima apropiado, maduran de manera ideal con su azúcar, alcohol y acidez perfectamente balanceados. En los años venideros, los consumidores de Malbec pueden esperar una diversidad de vinos provenientes de diferentes alturas, regiones y productores de Argentina.

Para la viticultura, Mendoza es un lugar como ningún otro en el mundo. Un oasis en un desierto a gran altura, nada crecería allí si no fuera por el agua pura de deshielo de los Andes. En Mendoza, una cuidadosa irrigación puede controlar el crecimiento y rendimiento para lograr una canopia perfectamente balanceada en función de la cantidad de racimos. Las marcadas diferencias térmicas entre el día y la noche, típicas del clima de las grandes alturas, permite a los viticultores mantener la fruta en la viña y prolongar el tiempo de colgado hasta fines de abril y principios de mayo. Los suelos aluvionales, compuestos por roca, arcilla, arena y limo proporcionan el drenaje óptimo para que las raíces de la variedad Malbec penetren profundamente en la tierra y compitan entre ellas para absorber los escasos nutrientes.

Pero quizás la característica más excitante del Malbec sea su increíble versatilidad para armonizar con diferentes tipos de comidas. Resulta difícil encontrar un varietal que pueda maridar bien tanto con la alta cocina francesa como con la condimentada cocina india. Los desafío a probar el Malbec con prácticamente cualquier tipo de comida. Seguramente podrán apreciar cómo sus generosos aromas resaltan el sabor de las comidas y cómo los suaves, dulces taninos parecen fundirse en la boca. Cierto barman de New York me dijo en una oportunidad que vendía Malbec diciendo a sus clientes que era como una mezcla entre merlot y syrah. Él aseguraba que el Malbec tenía los aromas especiados y frutados del syrah seguidos por esa suave y persistente sensación en boca que ofrece el merlot. Personalmente prefiero la descripción del propietario de un pub inglés que nos visitó recientemente en Argentina; "el Malbec es un vinazo - *bloody good wine -*", me dijo, "y no se necesitan comparaciones, *señorita*".

Laura Catena es Vicepresidente de la empresa familiar Bodega Catena Zapata. Ella pasó su infancia en Argentina, disfrutando cada verano del tiempo de cosecha en Mendoza. Posteriormente, Laura viajó a Estados Unidos, donde siguió la carrera de Biología en la Universidad de Harvard, graduándose con honores Magna Cum Laude. Luego estudió Medicina en la Universidad de Standford, especializándose en Medicina de Emergencias. Actualmente, el rol principal de Laura en la Bodega consiste en el estudio del blend de microclimas e investigaciones en viticultura. Además, es Directora de Exportaciones de la empresa. Al mismo tiempo, Laura continúa ejerciendo su profesión inicial, como Médica de Emergencias part-time en la Universidad de California en San Francisco.

Laura Catena is vice president of her family's winery, Bodega Catena Zapata. She spent her childhood in Argentina enjoying the harvest time every summer in Mendoza. Laura then moved to the USA for her studies, graduating magna cum laude in biology from Harvard University. She studied medicine at Stanford University, later specializing in Emergency Medicine. Laura's primary roles at Bodega Catena Zapata are in microclimate blending and viticultural research. She also heads the winery's export department. Laura continues to practice Emergency Medicine part time at the University of California at San Francisco.

"These wines are absolutely true to varietal", I heard San Francisco sommelier Eugenio Jardim say at a recent Malbec luncheon in California. And before I could agree with him, he repeated emphatically, "these wines could be nothing other than Argentine Malbec." The other guests, a group of San Francisco's finest wine professionals, agreed enthusiastically. I was thrilled to hear these comments. I could easily remember the days not so long ago when Malbec was considered an esoteric varietal, almost completely forgotten in France and maybe, just maybe, making a come-back in Argentina.

Today, Malbec is the varietal most commonly associated with Argentina among wine connoisseurs. This is a relatively new phenomenon, despite the fact that Argentina is home to the world's oldest Malbec vineyards – some dating back more than 100 years.

Argentines have always been avid consumers of wine, following the tradition of their predominantly Spanish and Italian forefathers. However, until recently, many Argentine wineries did not see the need to export their wines. Over the last decade, a group of visionary winemakers and viticulturalists have taken on the challenge of raising the quality of Argentine Malbec. Helped by foreign consultants and investors, by passionate dedication and rigorous experimentation, this group of Argentine visionaries has managed to raise the awareness and prestige of Malbec outside Argentina.

Fortunately, we have been blessed with a delicious varietal to become patriotic about. The Argentine version of Malbec, if properly pruned and carefully irrigated, can easily produce well balanced vines and beautifully concentrated fruit. If grown in the right microclimate, the small clusters and berries of our Malbec ripen to perfection, with ideal sugar and acidity levels. In the years to come, Malbec drinkers can look forward to a diversity of wines coming from different altitudes, regions and producers within Argentina.

For viticulture, Mendoza is a place like no other. It is a high altitude desert oasis where agriculture is completely dependent on the pure snow-melt water of the Andes. In Mendoza, careful irrigation can control plant growth and yields to achieve a perfectly balanced canopy to fruit ratio. The great day to night temperature differential, typical of the high altitude climate, allows growers to keep the fruit on the vine and extend hang-time into late April and early May. The rock filled clay, sand and lime soils provide the right environment for the Malbec vines to dig deep into the earth and compete for scarce nutrients.

But perhaps what is most exciting about Malbec is its incredible versatility with food. It is hard to find a varietal that can be paired with French Haute Cuisine just as well as spicy Indian food. I challenge you to try Malbec with almost any kind of food. You will surely see how the generosity of aromas enhances the food and how the soft, sweet tannins melt away in your mouth. A New York bar-tender once told me that he sold Malbec by telling his customers that it was like a mix between merlot and syrah. He said that Malbec had the spiciness and fruit forward aromas of syrah followed by the soft, lingering mouthfeel of merlot. I prefer the description by an English pub owner that recently visited us in Argentina, "Malbec is a bloody good wine," he said, "no comparisons needed señorita."

introducción

En febrero de 2001 visité a un colega norteamericano en su casa de Saint Helena, en el corazón del Napa Valley, California. Charles O'Rear es un experimentado profesional que ha fotografiado las más conocidas viñas y bodegas del mundo. Lleva publicados cuatro libros fotográficos sobre vinos y actualmente trabaja en el quinto. Como era de esperarse, luego de un rato de conversación, nos encontramos hablando acerca de sus viajes, experiencias y degustaciones en cada destino. Para mi asombro, cuando le pregunté su opinión sobre los vinos argentinos, me miró extrañado y me dijo: "No he estado nunca en tu país y tampoco sabía que Argentina tenía buena producción de vinos". Su respuesta me produjo un efecto doble: me decepcionó y me desafió al mismo tiempo. Soy un entusiasta de nuestra vitivinicultura y me desilusionó que ninguno de sus libros mencionara los productos de nuestro país. Aún sin conocer en detalle las acciones de marketing y difusión llevadas a cabo por el gobierno y las bodegas argentinas, en ese instante entendí que, al respecto, quedaba mucho por hacer. Supe que mi tarea profesional podía contribuir a que nuestros vinos fueran más apreciados y mejor reconocidos internacionalmente.

Catorce meses después, cuando finalizaba la vendimia 2002 y tras un breve asesoramiento de amigos bodegueros, inicié tímidamente la producción del presente libro. Las vagas ideas del comienzo fueron adquiriendo forma real. Abarcar todos los vinos de Argentina resultaba pretencioso y fuera de mis posibilidades. Decidí que lo adecuado era centrarse sobre uno en particular. La elección fue sencilla e inmediata: el Malbec, nuestro vino insignia.

Recorrí las zonas vinícolas del país. Visité decenas de bodegas, paseé entre las viñas y, por primera vez, me extasié con el inigualable aroma de la uva en flor. Degusté los más destacados Malbec de Argentina, aprendí mucho y fue un placer mezclarme entre cosecheros, técnicos y dueños de bodegas. Ellos y los prestigiosos enólogos que conocí fueron develando paulatinamente ante mí todos los secretos de este fascinante vino. Cada botella contiene una trama compleja de elementos. En su elaboración intervienen la naturaleza, la historia, el conocimiento, la experiencia, la tecnología, el comercio y la creatividad del hombre.

La información que fui adquiriendo era rica e interesante. Sentí que el libro tenía que lograr transmitir esos conocimientos, ser didáctico. Me tranquilizaba pensar que, como toda obra fotográfica, ofrecería un atractivo despliegue visual. Pero, a la vez, intuí que acompañarlo con epígrafes simples no sería suficiente. Comprendí que necesitaría los servicios de un periodista experimentado. Susana Vargas, con quien compartimos innumerables experiencias de trabajo, aportó la investigación histórica, las entrevistas a los expertos e información técnica básica.

Hoy en día, en la Argentina y en el exterior, existe una atracción especial por nuestro Malbec. Sería un honor para mí lograr que, copa en mano y hojeando estas páginas, sus miles de consumidores sientan los mismos placeres que sentí yo mientras realicé este trabajo.

Charles O'Reaer estuvo al tanto de mi proyecto desde sus inicios. Siempre me alentó a hacerlo y, gentilmente, me aportó sugerencias para su realización. Ahora sé que su deseo es visitar Argentina y probar nuestros vinos. Con mi libro como excusa, tengo la seria intención de descorchar con él algunos de los mejores Malbec argentinos.

Carlos Goldin | Marzo 2004

In February of 2001, I visited a North American colleague at his house in Saint Helena, in the heart of the Napa Valley, California. Charles O'Rear is an experienced professional who has photographed the most renowned vineyards and wineries in the world. He has published four books of photography about wines, and is currently working on his fifth one. As was expectable, after a short while chatting lightly, we found ourselves talking more in depth about his travels, his experiences and wine-tasting sensations in each place. To my surprise, when I asked him what he thought of Argentine wines, he gave me a puzzled look and said: "I've never been to your country, nor did I know that Argentina had good wine-making." His answer had a double effect on me: I was disappointed, and at the same time I felt challenged. I am an enthusiast of our vitiviniculture and have felt let down that his books never mentioned our country's products. Although at that time I knew little in detail about the marketing and dissemination activities our government and local wineries carried out, in that instant I still understood that there remained much to do in those areas. I knew that my work in my profession could contribute to making our wines more known and appreciated internationally.

Fourteen months later, when the grape harvest of 2002 was finishing and after a brief consultation with wine-maker friends, I began – shyly at first – the production of this book. My vague ideas acquired more and more concrete form. Covering all the wines produced in Argentina turned out to be a pretentious task and beyond the scope of my possibilities. I decided the appropriate thing to do was to center on one wine in particular. My choice was simple and easy: Malbec, our signature wine.

I traveled through our country's wine-making zones. I visited dozens of wineries, I walked through the rows of vines, I was entranced by the one-of-a-kind scent of flowering grapevines. I tasted Argentina's best Malbec wines, I learned a tremendous amount, and it was a pleasure to rub elbows with harvesters and technicians and owners of wineries. They, as well as the prestigious wine experts that I came to know, gradually revealed to me the secrets of this fascinating wine. Every bottle contains a complex scheme of elements. Its elaboration has meant the involvement of nature, history, knowledge, experience, technology, business, and human creativity.

The information I gathered over time was rich and interesting. I felt that the book had to succeed in transmitting these facts; it had to be didactic. It made me confident to think that, like all photographic works, it would offer an attractive visual display. But at the same time I had the intuition that simple epigraphs would not be enough. I understood that I would need the services of an experienced journalist. Susana Vargas, who I have worked with on countless projects, contributed historical research, interviews with experts, and basic technical information.

Today, as much in Argentina as abroad, our Malbec wines receive special attention. It would be an honor for me if I could know that thousands who enjoy Malbec might feel, leafing through these pages with a glass in their hands, the same pleasures I felt as I did the work of creating this book.

Charles O'Rear knew of my project from the very beginning. He always encouraged me to go ahead with it, and kindly gave me suggestions on how to make it a reality. I know he now wants to visit Argentina and try our wines. With my book as an excuse, I seriously intend to uncork a few of our best Argentine Malbec's in his company.

Carlos Goldin | March 2004

Regiones del *Malbec*

MALBEC ZONES

S A L T A

C A T A M A R C A

L A R I O J A

S A N J U A N

M E N D O Z A

N E U Q U E N

R I O N E G R O

Zonas Productoras

En Argentina, la amplia superficie dedicada a la vitivinicultura del Malbec, constituye una prolongada franja ubicada al oeste del país. Al pie de los Andes, abarca desde los 22° a los 40° de latitud sur. Tal extensión supera los 2.000 kms. de largo e incluye en su recorrido numerosos valles, ríos y variaciones agro-climáticas que posibilitan su clasificación en regiones bien diferenciadas. Tal diversidad permite obtener cultivares de Malbec con características acordes a su adaptación a cada tipo de suelos y al medio ambiente y terruño de cada área.

De Norte a Sur, la región vitícola de Argentina está dividida en tres zonas: Noroeste, Cuyo y Patagonia.

Wine-Making Zones

In Argentina, the extensive surface area dedicated to cultivating Malbec grapes is a long stretch of land in the West of the country, at the foot of the Andes that runs from 22° to 40° latitude south. That expanse is over 2000 kilometers long and includes numerous valleys, rivers, and agro-climactic variations that make it possible to recognize clearly differentiated zones in the region. This diversity means a range of Malbec varieties can be produced, each one with its own particular characteristics, depending on its adaptation to the soil, the environment, and even the specific plot of land it was cultivated on. From north to south, the wine-growing region in Argentina is divided into three distinct zones: the Northwest, Cuyo, and Patagonia.

Noroeste

Se extiende desde los 22° a 29° de latitud sur y
abarca las provincias de:

Salta: al suroeste de la capital provincial, concentra su viticultura en los
Valles Calchaquíes. Ubicados entre altos cordones montañosos de la
Cordillera de Los Andes, Cafayate -con el 70% de la producción- es el
centro urbano de los valles y nuclea en los alrededores las plantaciones de
Malbec más altas del mundo (2.000 mts. s.n.m). *"El Malbec salteño es de
color intenso con matices azulados. Frutos negros maduros con toques de
pimienta. Normalmente muy concentrados en la boca y final largo".*

Catamarca: Área de viñedos muy nuevos ubicados al oeste, en el
departamento de Tinogasta y en el valle oriental de la provincia.
*"Color violeta intenso. Frutos rojos maduros y dulces. Ataque dulce pero
algún final de taninos recios y pimentosos del sol".*

La Rioja: Producción principalmente concentrada en pequeños valles
irrigados al oeste de la provincia, entre las Sierras de Velasco por el este y la
Sierra de Famatina por el oeste. *"Algunos valles de altura, con nuevos
emprendimientos, muestran gran futuro. Color rojo rubí intenso. Ciruelas
confitadas. Boca amable, taninos ligeros, cuerpo mediano, final terroso".*

Cuyo:

Representa el 91,7% de la superficie con viñedos del país. Se extiende desde los 29,5° a 36° de latitud sur y abarca las provincias
de San Juan, en su área centro, y de Mendoza en las áreas:
Noreste, centro, Valle de Uco y Sur.

San Juan: desarrolla la vitivinicultura en el Valle del Tulum,
principalmente. Y en menor proporción en los valles de Zonda y
Ullum, ubicados entre la Cordillera de los Andes y la sierra de Pie de
Palo, a ambos lados del río San Juan. *"Fruta negra, moras muy
maduras. Mucha concentración, taninos dulces, algún final de boca
mineral, terroso y caucho".*

The Northwest:

This zone runs from 22° to 29° latitude south,
and includes the following provinces:

Salta has its wine cultivation concentrated in the area south-west of the province's
capital, in the Calchaquíes valleys. Located between high mountain ranges of the
Andes, Cafayate is the main urban center of the area's valleys and commands 70% of
the production. The surrounding area boasts the world's highest altitude cultivation of
Malbec grapes (2000 meters above sea-level).
*"Malbec from Salta has an intense color with bluish shades. Ripe dark fruit with
touches of pepper. Normally very concentrated in the mouth, with a lasting finish."*

Catamarca: There is an area of quite new vineyards located in the West, in
Tinogasta county and the province's eastern valley.
*"Intense violet hue. Ripe, sweet red fruit. An aggressively sweet start, but a sunny
finish of robust, peppery tannins."*

La Rioja: Wine production is principally concentrated in small irrigated valleys in the
West of the province, between the Sierras de Velasco on the eastern side and the Sierra
de Famatina on the western one.
*"Some high-altitude valleys with new installations are showing great future
possibilities. Intense ruby-red color. Candied plums. Gentle mouth feel, light
tannins, medium body, earthy finish."*

Cuyo:

This zone represents 91.7% of the wine-growing surface area in the country. It runs from 29.5° to 36° latitude south and includes the central area
of San Juan province and the northeast, central, Valle de Uco, and southern areas of Mendoza province.

San Juan has developed its wine production primarily in the Valle del Tulum and to
a lesser degree in the Zonda and Ullum valleys, located between the Andes mountains
and the Pie de Palo sierras, on both sides of the San Juan River.
*"Dark fruit, very ripe blackberries. Strong concentration, sweet tannins, something of a
mineral finish in the mouth, earthy and rubbery."*

Mendoza:

- **Noreste:** Comprende las superficies vitícolas de los departamentos Lavalle, Las Heras, San Martín, Rivadavia, Junín, Santa Rosa y La Paz, irrigadas, principalmente, por los ríos Tunuyán y Mendoza.

"Fruta negra sobre madura y en mermelada, toques de canela, baja acidez, final terroso".

- **Centro:** Es la zona alta del río Mendoza, conocida como "Primera Zona" y comprende los departamentos de Luján de Cuyo, Maipú, Guaymallén y Godoy Cruz. La Denominación de Origen "Luján de Cuyo" se ubica en esta zona, destacada por un alto grado de perfeccionamiento tecnológico. La irrigación utiliza las aguas del río Mendoza. En el departamento de Luján de Cuyo, predomina el Malbec y se cultiva en el pedemonte de la precordillera de Los Andes, a más de 850 metros sobre el nivel del mar. Estas condiciones agro-climáticas exaltan las características de la más alta calidad, produciendo vinos de gran singularidad y reconocimiento internacional.

"En esta región se encuentran la mayoría de las marcas más acreditadas del país que pasean el prestigio del Malbec por el mundo. Inconfundible rojo bordó muy estable. Fruta confitada y flores rojas. Boca de gran armonía, longitud y concentración. Taninos dulces, carnosos".

- **Valle de Uco:** ubicado entre la cordillera frontal y la región de las Huayquerías, al sudoeste de la ciudad de Mendoza. Comprende el valle del mismo nombre y abarca tierras de los departamentos de Tunuyán, Tupungato y San Carlos. La altitud varía desde los 900 m sobre el nivel del mar en la ciudad de Tunuyán hasta los 1200 m en el Viejo Tupungato. Los terrenos cultivados son irrigados por los ríos Tunuyán y Tupungato. *"Este valle, cuyas noches de verano son, posiblemente, las más frescas del pedemonte andino, también otorga gran prestigio al varietal.*

Mendoza:

- **Northeast:** Encompasses the wine-growing acreage in the counties of Lavalle, Las Heras, San Martin, Rivadavia, Junín, Santa Rosa and La Paz, with principal irrigation from the Tunuyán and Mendoza Rivers. *"Dark fruit, ripe skin and jam filling, touches of cinnamon, low acidity, earthy finish."*

- **Center:** The Mendoza River´s high altitude zone. Known as "The First Zone," it covers these counties: Luján de Cuyo, Maipú, Guaymallén and Godoy Cruz. The origin designated as "Luján de Cuyo" comes from here, renowned for its high degree of technological precision. Irrigation comes from the waters of the Mendoza River. In Luján de Cuyo county, the Malbec variety predominates grape cultivation, and it is grown in the foothills of mountainous ranges, over 850 meters above sea-level. These agro-climactic conditions exalt Malbec´s finest characteristics and make for wines of tremendous singularity and international fame. *"This region produces most of the country´s best wine brands, ambassadors of Malbec´s prestige throughout the world. Unmistakable burgundy red, very stable. Candied fruit and red flowers. Very harmonious mouth, lasting and concentrated. Sweet, meaty tannins."*

- **Valle de Uco:** Southwest of the city of Mendoza in a valley formed over against the face of the mountain ranges, lying in the region of the Huayquerías, this area includes the valley of the same name plus farmland in the counties of Tunuyán, Tupungato, and San Carlos, at the foot of the Andes. The altitude varies from 900 meters above sea-level in the city of Tunuyán to 1200 meters above sea-level in Viejo Tupungato. Farmland is irrigated by the Tunuyán and Tupungato Rivers. *"This valley, whose summer nights are possibly the coolest of the Andean base, also lends great prestige to this variety of wine. Intense reds with shades of sustained purples. Fresh berries and drupes. The flavor comes on sweet and has an acid mouth feel. Extended longevity. Lively wines, at times with a touch of wild truffles."*

- **South:** Encompasses the vineyards of San Rafael county. This is an oasis, irrigated by the Atuel and

Rojos intensos con matices púrpuras sostenidos. Bayas y drupas negras
frescas. Sabor con ataque dulce y paso de boca ácido. Mucha longevidad.
Vinos briosos, a veces con el toque salvaje de las trufas".

• **Sur:** Comprende los viñedos del departamento de San Rafael. Es un
oasis irrigado por los ríos Atuel y Diamante. En esta zona rige la
Denominación de Origen "San Rafael".
"Frutos negros poco maduros, cuerpo liviano, ligeros".

Patagonia:

Se extiende desde los 37° a los 40° de latitud sur y abarca las
provincias de Neuquén.y Río Negro.

Neuquén: En la actualidad esta provincia tiene un escaso
posicionamiento nacional por su reducida cantidad de viñas de Malbec en
explotación, aunque son excepcionales las condiciones agro-ecológicas de
las zonas irrigadas por los ríos Limay y Neuquén. Los proyectos para
impulsar la actividad vitivinícola la convierten en una prometedora nueva
región. Por eso, aún es prematuro emitir juicios de calidad sobre sus vinos.
"Será necesario esperar mayor edad de las plantas y conocer el efecto del
persistente viento patagónico sobre el perfil sensorial del varietal".

Rio Negro: ubicada en el Departamento General Roca, sobre las
márgenes del curso inferior de los ríos Limay y Neuquén la región del Alto
Valle del Río Negro concentra la mayor superficie vitícola de la provincia.
Le siguen en importancia las zonas productoras del Valle Medio del Río
Negro y la del Valle Medio del Río Colorado (Peñas Blancas). Debido a
que ofrecen condiciones agro-ecológicas excelentes, en esos valles
prácticamente no se realizan aplicaciones de agroquímicos en los cultivos.
"Fruta negra ácida, toques mentolados, algunos taninos herbáceos.
Cuerpo mediano, mediana concentración".

El Valle Inferior del Río Negro o Valle de Viedma, entre los 40º y 41º de
latitud sur y a 30 kms del mar, se encuentran viñedos muy jóvenes de la
primera región vitícola marítima de Argentina, con rasgos cualitativos
particulares que la asemejan al Medoc de Bordeaux, Francia.
"Rojo rubí, destellos violetas. Fruta negra fresca con toques de yodo y
grafito. Cuerpo mediano, acidez nerviosa".

Nota: Las descripciones sensoriales de los Malbec de cada zona, escritas
entre comillas y en itálica, pertenecen al Lic. Ángel Mendoza.

Diamante Rivers. In this zone, the origin designated as "San Rafael"
predominates. *"Black fruit, not quite ripe, light-bodied, nimble."*

Patagonia:

Extending from 37° to 40° latitude south, this area includes
Neuquén and Río Negro provinces.

Neuquén: Currently, this province has only modest national recognition
because Malbec grape cultivation remains minimal at this time. Even so, the areas
irrigated by the Limay and Neuquén Rivers enjoy exceptional agro-ecological
conditions for planting this variety of grape. There are projects underway to
promote wine-growing activity here; hence, this zone shows much promise. It is
still too early, however, to pronounce any judgments on its wines.
"It is necessary to wait until the plants are older and we are better aware of how
Patagonia´s persistent winds affect this varietal´s sensorial profile."

Río Negro: The Alto Valle area of Río Negro has the highest concentration of
wine-growing acreage in this province. It is located in the county of General
Roca, on the banks of the lower Limay and Neuquén Rivers. Following it in
importance are the productive areas of Valle Medio del Río Negro and Valle
Medio del Río Colorado (Peñas Blancas). Given their exceptional agro-ecological
conditions here, these valleys allow wine-growers to cultivate the vines with almost
no added agrochemicals. *"Acidic dark fruit, touches of menthol, some herbal*
tannins. Medium body, medium concentration."

In the lower valley of the Rio Negro, known as the Valle de Viedma, and its
location between 40° and 41° latitude south at just 30 kilometers´ distance from
the ocean, we find young vineyards. This is Argentina's first coastal wine-growing
region, producing a wine that has specific qualities, similar to the Medoc variety
from Bordeaux, France. *"Ruby-red, violet flashes. Fresh dark fruit with touches of*
iodine and graphite. Medium body, nervous acidity."

Note: The sensorial descriptions of each zone´s Malbec – written in italics and
between quotation marks – were provided by Angel Mendoza.

BREVE HISTORIA DEL MALBEC
A BRIEF HISTORY OF MALBEC IN ARGENTINA,
EN MENDOZA Y EN LA ARGENTINA
WITH SPECIAL FOCUS ON MENDOZA PROVINCE

La vid llegó a América del Sur durante la colonización en el siglo XVI. Bartolomé de Terrazas la llevó a Cuzco en 1536 y en la misma época, Hernando de Montenegro a Lima (Perú) y de allí a la Capitanía de Chile, a la que pertenecía Cuyo. En 1556, según las crónicas, el que ingresó por primera vez "semillas de algodón, plantas de uva y árboles frutales de Castilla" desde La Serena, en el norte de Chile, fue Juan Cidrón, un sacerdote mercedario convocado para atender feligreses en Santiago del Estero, en el norte del territorio argentino. Sin embargo, la vid que se implantó en Mendoza, llegó cruzando la cordillera en línea directa desde Santiago de Chile, donde todos los encomenderos eran viñateros que expandían sus cultivos a tierra mendocina, aprovechando la mano de obra aborigen gratuita. Estas viñas no tuvieron nada que ver con las del Norte, ya que el camino que conectó ambas regiones, recién se abrió después de 1580, cuando la vitivinicultura estaba afirmada en Mendoza.

La ciudad de Mendoza -Nuevo Valle de Rioja- fue fundada en marzo de 1561 en un asentamiento conocido como Provincia Huarpe de Cuyo, por el capitán español Pedro del Castillo, quien llegó a través de la corriente colonizadora de Chile. En sus crónicas d 1571, Don Juan López de Velazco decía que "hay en Mendoza unos 150 vecinos, todos encomenderos y 4.000 indios tributarios (…) que hay valle donde se da algún tipo de higo, maíz, cebada y viña todo de regadío, y que los españoles se proveen desde Santiago de Chile".

Cronológicamente, Mendoza es una de las primeras fundaciones en el actual territorio de la Argentina y la ciudad más antigua entre las que han permanecido en el mismo espacio geográfico original. Más aún que Buenos Aires, fundada en 1580.

Como el Río de la Plata era permanentemente acosado por Inglaterra y Portugal, en 1776 fue creado el Virreinato del Río de la Plata incorporando a Cuyo a su jurisdicción, después de

The grapevine is not indigenous to South America but rather came to these lands during their colonization in the 16th century. Bartolomé de Terrazas brought this plant to Cuzco (Peru) in 1536, as Hernando de Montenegro did in Lima during the same period, and from there to the captaincy of Chile to which the Cuyo region of current Argentina belonged at the time. In 1556, according to historical chronicles, the first person to introduce into Argentine territory "Castilian cotton seeds, grape plants, and fruit trees" – doing so by way of La Serena in the north of Chile – was Juan Cidrón, a priest of the La Merced order posted to minister to parishioners in Santiago del Estero, in northern Argentina. Despite that small fact, the grapevine that came to flourish in Mendoza province came to Argentine land from across the Andean mountain range, directly from Santiago, Chile, where all the "encomenderos" (Spanish colonists granted Indian laborers by royal decree) cultivated grapes and expanded their production into the area of Mendoza, taking advantage of having indigenous labor at no cost. The grapevines they grew had no relation to the ones that were introduced further to the north. Indeed, the road that linked both regions was only opened in 1580, and by that time grape cultivation was already well established in Mendoza.

The city of Mendoza – "Nuevo Valle de Rioja" – was founded in March of 1561, in a settlement known as the province of "Huarpe de Cuyo." Its founder was the Spanish Captain Pedro de Castillo, who arrived there by way of colonizing efforts started in Chile. In his chronicles of 1571, Don Juan López de Velazco noted that: "there are 150 settlers in Mendoza, all of them Spanish "encomenderos" (colonists with royally decreed rights over Indian workers), and there are 4000 tributary Indians … there is valley territory where a certain type of fig, corn, barley, and grapevines grow on irrigated land, providing supplies to the Spanish as far away as Santiago, Chile."

Chronologically, Mendoza is one of the first places to have been settled in what is today Argentine territory, and is the oldest of

Foto gentileza: Diario Los Andes

haber pertenecido a la Capitanía General de Chile durante 216 años. En esa región, hombre y vid se arraigaron íntimamente ligados a la vida espiritual de los sacerdotes evangelizadores. La distancia entre los asentamientos poblacionales, el clima extremo y los malones (ataques sorpresivos de guerreros indígenas comandados por caciques disconformes con el avance de los españoles) obligaron a los conquistadores y sacerdotes a preparar sus propios huertos y parrales. Se cultivaban viñedos junto a las capillas para producir el vino de misa, que era muy difícil de importar y la uva en fresco y en pasas, que fue un complemento nutricional muy importante en la dieta de los colonos.

Simultáneamente y como bolsones regionales, la vid había prosperado en Córdoba, Santiago del Estero, Tucumán, Salta, San Luis, Santa Fe, La Rioja, Paraguay, cubriendo toda la demanda de vino en el Río de La Plata. España se alarmó y el rey dictó medidas en 1595, prohibiendo la producción de vinos en sus colonias para evitar la competencia con la producción española. La medida no tuvo éxito y Cuyo y La Rioja fueron el terruño de excelencia ecológica para el cultivo de la Vitis Vinífera. Las plantas crecían como arbustos o arbolitos sin una conducción artificial. Tardaban cuatro años en producir y sólo se las podaba para impedir que una planta se enredara con otra, ya que los sarmientos bajan al piso y si no se recortan alcanzan hasta 10 metros de longi-

Argentina's colonial cities that exist on the same site they were founded on. In that sense, it is even older than Buenos Aires, the nation's capital, which was founded in 1580.

Because the Rio de la Plata (the River Plate) was constantly besieged by English and Portuguese forces, the vice-royalty of "Rio de la Plata" was created in 1776. Cuyo was placed under its jurisdiction after having belonged to the General Captaincy of Chile for 216 years. That region was a place where man and grapevine both had taken root in an intimate connection with the spiritual life of the priests who carried out their evangelizing mission there. The distance between populated settlements, the extreme climactic conditions, and the "malones" (surprise attacks by Indian warriors under the command of their chiefs who were displeased at the Spaniards' encroachment) obliged the colonizers and the priests to work their own vegetable farms and vineyards. The grapevines were grown next to the chapels, to produce wine for Mass which was very difficult to import. Fresh grapes and raisins became a nutritional complement in the colonists' diet. At the same time, and with regional distinctions, grape cultivation had prospered in Cordoba, Santiago del Estero, Tucuman, Salta, San Luis, La Rioja, and Paraguay, satisfying the demand for wine in all of the Rio de la Plata territory. Spain became alarmed at this, and in 1595 the king emitted measures prohibiting wine production in all Spanish colonies to put a break on competition against Spain's own wine production. The measures were unsuccessful, and Cuyo

tud. Los historiadores dedujeron por estos hechos que el origen de estas "vides criollas" fue, en un porcentaje alto, de semillas.

Cada cepa permitía obtener una cosecha que podía llegar a los seis kilos de uva, siempre que el clima acompañara la evolución productiva de las plantaciones. Desde 1580 se exportaron vinos al Tucumán y hacia 1599, lo que hoy se denomina Gran Cuyo, se convirtió en el área principal de producción del vino consumido en el territorio del Virreinato del Río de la Plata.

La vitivinicultura se convirtió así, en la industria madre de Mendoza que, como ciudad fronteriza y cruce obligado en la ruta Buenos Aires-Santiago de Chile- Lima, tuvo una participación relevante en la vida y el comercio colonial. Las uvas se llamaron criollas por su antigüedad en la región y en toda el área colonial americana; por la diversidad de formas en que se encontraban y por su aparente desconexión con los cepajes europeos que les dieron origen. En Mendoza, según la tasación del Cabildo de 1604, el vino tenía un poder de cambio de gran valor, que llegaba a triplicarse cuando se lo llevaba a comarcas muy alejadas.

En 1630, el edificio del Cabildo estaba siendo reparado, y se le quería agregar una campana que sirviera para las convocatorias urgentes. El artefacto fue comprado al Capitán Domingo Sánchez Chaparro y su pago se hizo a plazo, con vino como moneda.

Junto con la necesidad de envases para el vino en las primeras bodegas coloniales, nació la fabricación de vasijas de arcilla cocida. La industria de vasijas utilizó primero la mano de obra nativa y, a partir de 1610, la extinción de los aborígenes, obligó a utilizar esclavos africanos. Hasta mediados del 1800, la fabricación de vasijas fue, económicamente, tan importante como la vitivinicultura, la ganadería, la fruticultura y el transporte. Para su traslado hacia Buenos Aires (1050 kms), el vino era envasado en grandes tinajas de barro cocido, a las que se recubría con espadaña (totoras trenzadas) para evitar roturas y el recalentamiento de la preciada bebida. También se envasaba en pellejos de cuero revestidos de brea, betunes o asfalto. Los barriles fueron los preferidos para transportar vinos en mula en el cruce de Los Andes o en arreos al Norte andino. Después de 1850 -con los inmigrantes extranjeros- llegaron los toneles y bordelesas. La industria de la tonelería influyó, definitivamente, en el mejoramiento de la calidad de los vinos.

Entre los años 1852 y 1856, comenzó la etapa de la vitivinicultura moderna en Argentina.

and La Rioja turned out to provide excellent native soil for the cultivation of the wine grapes. The plants were left wild and untrained, and grew like bushes or low-lying trees. It took them four years to produce fruit and were only pruned if a plant became intertwined with another since vine shoots grow downwards toward the soil and, uncut, can get as long as ten meters. Historians have deduced that these "creole vines" originated, to a large percentage, from seeds.

Each rootstalk could provide up to six kilos of grapes, as long as climate conditions were favorable for the productive evolution of the plants. From 1580 on, wines were exported to Tucuman, and around 1599 what is today called the Gran Cuyo area became the main production area for all the wine consumed in the entire territory of the Rio de la Plata vice-royalty.

Wine production became the industry that mothered Mendoza, which – as a frontier city and obligatory crossing point on the Buenos Aires-Santiago, Chile-Lima, Peru route – enjoyed relevance in colonial life and trade. The grapes were called "creole" because of how long they had been mainstay cultivation in the region and in all the area of colonial America, and because of the diversity of forms they offered and their apparent independence from the European grapevine stock that had originally produced them. In Mendoza, according to the appraisal of the seat of government (the Cabildo) in 1604, wine had a very high exchange value, which could triple when it was taken to market in the more distant districts. In 1630, for example, when the Cabildo building was under repair, a new bell was acquired for the purpose of emergency meetings. Once obtained and installed, it was paid for in quotas, with wine as the currency of exchange.

The need in the first colonial wine cellars for containers for the wine brought about the manufacture of fired clay vessels. From 1610 and through to the mid-1800s, this became a powerful industry in itself, as economically significant as wine production, cattle ranching, fruit cultivation and transport. Indigenous labor was used until the native population died out, obliging the colonizers to incorporate African slave labor. To transport the wine to Buenos Aires (1050 kilometers away), it was stored in large earthen jars made of fired clay extracted from a local mine that was then reinforced with braided strands of bulrush ("espadaña") to prevent the vessels from breaking and the precious beverage contained within from overheating. It was also stored in wineskins made of leather coated with tar, pitch, or asphalt. Barrels were the preferred containers for transporting wines by mule across the Andes or by horse in harnesses to the Andean North. After 1850 – with the influx of foreign immigrants – casks and the characteristic 225-liter barrels from Bordeaux came into use. The manufacture of casks was the industry that definitively promoted improvement in the quality of these wines, giving them particular aromas and flavors.

El gobernador de Mendoza –por mandato del futuro presidente Domingo F. Sarmiento- encomendó al agrónomo francés Miguel Amable Pouget, la importación de cepajes europeos para implantar en Mendoza y la creación de una Quinta Normal para la enseñanza agrícola en la provincia. Pouget introdujo miles de plantas de vides europeas de 120 variedades distintas. Elaboró vinos finos que fueron expuestos en Francia y por primera vez en la historia, Mendoza logró una medalla de bronce en la Exposición de París (1889), con un Burdeos, vino de cepa francesa, criado en tierras cuyanas. Esa fue la primera distinción internacional que Mendoza obtuvo para sus vinos, lo que permitió a las autoridades de La Quinta Agronómica fundar la Escuela Nacional de Vitivinicultura, dirigida por el ingeniero Leopoldo Suárez. De allí egresaron los primeros técnicos agrónomos y enólogos que fueron contratados en todas las regiones agrícolas y vitícolas del país. Por aquella época la influencia cultural bajo la que se desarrolló el país era eminentemente latina. Española e italiana en el trabajo y francesa en lo intelectual. Por eso la implantación de viñas siguió normas francesas, específicamente del suroeste bordelés. A casi 100 años de pertenecer las provincias de Cuyo a la Argentina, había llegado el Malbec a Mendoza junto a otros cultivares tintos de mayor predicamento (Pinot negro; Merlot; Cabernet franc; Cabernet sauvignon y Tannat) y blancos (Chenin; Chardonnay; Riesling; Sauvignon blanc; Semillón,) a los que se los abarcó con la simple denominación de "uva francesa".

El cambio que comenzaría producirse en la vitivinicultura con la implantación del Malbeck o Malbec -que en Francia se lo denominaba oficialmente Cot- nadie siquiera podía imaginarlo.

Según Leopoldo Suárez, en su "Estudios Ampelográficos de la Provincia de Mendoza" de 1911, el Malbec "es la primera variedad francesa introducida en el país". Y de acuerdo al mismo autor, en 1861 el viñedo más antiguo de esta variedad se encontraba en la localidad de Panquehua, Departamento de Las Heras, (colindante con la ciudad de Mendoza) en la finca del señor Carlos González. Este viñedo de 1827 aún está produciendo en manos de las hijas de Florencia Curth de Cavanagh, octava generación de viñateros descendientes de los Gonzalez Videla, dueños también de la bodega más antigua en manos de una misma familia.

Un informe de 1904, redactado en francés y presentado en la Legislatura mendocina declaraba: "Nosotros hemos degustado luego los vinos llamados franceses, porque ellos provienen de cepajes cultivados en Francia: Malbec, Cabernet, Merlot Pinot. Estos cepajes

The period between 1852 and 1856 marks the beginning of modern wine production in Argentina. The governor of Mendoza – by mandate of the future national president Domingo F. Sarmiento – put the French agronomist Miguel A. Pouget in charge of the importation of other European grape stocks to plant in Mendoza and the creation of a Training Farm in the province to teach agricultural techniques. Pouget introduced thousands of European grapevine plants in 120 different varieties. He elaborated fine wines that were sent to expositions in France and for the first time in history Mendoza won a bronze medal in the Paris Exposition of 1889 with a Bordeaux wine. That was the first international award Mendoza obtained for its wines, an achievement which prompted authorities at the Agricultural Training Farm to found the National Winegrowing School, directed by Leopoldo Suarez. From that institution, the first agricultural technicians and oenologists graduated and were contracted to work in all the agricultural and wine-producing regions of the country. During that time, the predominant cultural influence in this growing nation was eminently Latin: Spanish and Italian in its labor forces and French in its intellectual life. That is why the planting methods in the vineyards followed French norms, specifically those from the southwestern Bordeaux region. At almost the 100-year mark of Cuyo´s belonging formally to Argentina, the Malbec grape arrived to Mendoza along with the other red wine varieties – Pinot Noir, Merlot, Cabernet franc, Cabernet sauvignon, and Tannat – and the white wine ones – Chenin, Chardonnay, Riesling, Sauvignon blanc, and Semillon. Wisely chosen by Pouget and highly priced as well, they were all simply called "French grapes."

No one imagined the change that would arise in Argentine wine production with the planting of the Malbeck or Malbec variety (in France known officially as Cot).

According to Leopoldo Suarez, in his 1911 "Studies of Winegrowing and Wine Production in Mendoza Province," Malbec "is the first French varietal introduced in this country." Moreover, as corroborated by the same author, in 1861 the oldest vineyard growing that type of grape was located in Panquehua, in the Las Heras district (contiguous with the city of Mendoza) on the property of Carlos Gonzalez. This vineyard that was started in 1827 is still producing today, at the hands of the daughters of Florencia Curth de Cavanagh, the eighth generation of vintners descended from Gonzalez Videla, owners by the same token of the oldest family-run wine cellar.

cultivados aquí dan uvas más ricas que en Francia. Contienen más azúcar, más color, más extracto".

En el Congreso Científico Industrial Americano, realizado en Buenos Aires en 1910, los profesores de la Escuela Nacional de Vitivinicultura Enrique Simios y Gervasio Ortiz, declaraban: "Al principio, la única necesidad inmediata que arrastraba a todo bodeguero, era de producir mucho vino y venderlo pronto, sin interesarse en la calidad. Tenían un fin, ganar dinero, hacer fortuna, sin preocuparse de la nobleza y de los medios; pero bien entendido que en el conjunto de todos ellos había sus excepciones que hoy en día han aumentado notablemente y que auguran una marcha progresista, en todo cuanto se refiere a la fineza y nobleza del producto. Es digno y posible de las bodegas de Mendoza que, a la impresión favorable que producen al visitante, en limpieza y su lujo, les acompañe un aplauso a la calidad de sus vinos…"

La denominación uva francesa se terminó aplicando a todas las variedades europeas para distinguirlas de las criollas. El Malbec ocupaba la mayor extensión cultivada, convirtiéndose en la base de los vinos en Mendoza, apostando nada más que al color que daba a los tintos en general.

En la década de 1920 se superó con éxito una plaga de filoxera y en 1944, sobre un total de 106.787 hectáreas cultivadas con vides, Mendoza contaba con la mayor extensión de Malbec cultivada en América (49.248 hectáreas). Los propietarios de fincas vivían muy bien de la renta que les dejaba el cultivo de la uva, pero no se preocupaban por la homogeneidad de los viñedos. Había comenzado el auge del "tinto Buenos Aires", un vino común que se llevaba a granel a la capital argentina donde se fraccionaba en botellas de un litro o en damajuanas de 10 litros y la demanda de vino crecía cada vez más. "Desafortunadamente, el desplazamiento de las criollas -plantas rústicas y de gran producción-, no fue atendido de manera adecuada desde 1950, lo cual condujo a la industria vitivinícola a la más grande crisis de sobreproducción de la que recién ahora estamos emergiendo" (Ingeniero Agrónomo Alberto Alcalde)

El encepado argentino estaba formado por las cultivares criollas mezcladas con las europeas. Tan es así que los viñedos de criollas se llamaron mezclas y el nombre de un cuartel, en el caso de las europeas, era el del cepaje que dominaba. Este desorden ampelográfico fue disminuyendo

A 1904 report, written in French and presented to the state Legislature of Mendoza, declared: "We have tasted the wines known as French wines because they come from grape stock originally cultivated in France: Malbec, Cabernet, Merlot Pinot. These grape stocks, cultivated here, produce tastier fruit than in France. The grapes contain more sugar, more color, more extract." Also, in the American Scientific Industrial Conference – held in Buenos Aires in 1910 – Enrique Simios and Gervasio Ortiz, professors at the National School of Vitiviniculture, declared: "In the beginning, the only immediate necessity that pressed on all vintners was that of producing a lot of wine and selling it forthwith, taking little interest in its quality. They had one objective: to make money, to make a fortune, without worrying about noble quality or means. Yet let it be understood that among the totality of them there were exceptions, and those exceptional few have grown in number such that today they indicate the march of progress in all aspects that speak of the refinement and the nobility of this product. The wine cellars of Mendoza are both deserving and likely to cause not only a favorable impression in a visitor because of their cleanliness and luxuriousness, but also to bring out a round of applause for the quality of their wines…"

The name "French grapes" in the end was applied to all the European varieties, in order to differentiate them from the "creole" or local ones. Malbec was the most widely cultivated one, becoming the base of wine production in Mendoza, which lay its wager on the side of the color, more than anything else, that this grape gave red wines in general.

In the decade of the 1920s, a blight of phylloxera was successfully overcome, and in 1944 – with a total of 106,787 hectares planted with grapevines – Mendoza had the largest Malbec cultivation in all of the America´s (49,248 hectares). The farm owners lived well off the profits grape cultivation earned them, but they did not concern themselves with the homogeneity of the vineyards. The heyday of "Buenos Aires red wine" had begun, a common wine that was sent in bulk to the national capital where it was fractioned in one-liter bottles and ten-liter jugs. The demand for wine was on the rise.
"The shift away from the creole grapevines – rustic and extremely productive plants – was unfortunately not an issue that received much attention from 1950 on, but it led the winegrowing industry into its largest crisis of overproduction ever, from which we are only recently emerging." (Agricultural engineer Alberto Alcalde)

The Argentine stock was formed by the mixing of locally cultivated varieties with the European ones. This was so generally true that the local types were called "mixes." The name of a given lot of grapes, in the case of European stock, came from the variety that predominated in the mix. This disorder in the production of wines gradually diminished along with the evolution of distinct aspects in how a

junto a la evolución de los distintos aspectos que hacen al manejo del viñedo, al tiempo en que fueron aclarándose las denominaciones de los distintos varietales usados. Las tareas de investigación que se hicieron entre 1940 y 1980 por la Estación Experimental Mendoza del INTA fueron corrigiendo las confusiones y transmitidas al Instituto Nacional de Vitivinicultura (INV) que fue exigiendo los correspondientes cambios en las declaraciones de los productores. En 1990, la tarea se dio por completada.

Hasta poco más allá de 1968, cuando se ordena e identifican los principales cepajes en uso (de acuerdo al esquema ampelográfico argentino del ingeniero Alberto Alcalde) existía un verdadero caos en la denominación de las principales cultivares cuyanas. El simple nombre de Verdot fue usado por productores mendocinos de uva francesa para referirse a determinados cuarteles de Malbec, aparentemente de mejores condiciones vegetativas.

El consumo de vino fue en un rotundo aumento, lo que provocó el crecimiento de las implantaciones. "Por entonces, varios factores influyeron para que se cumplieran los requerimientos para las grandes producciones. Se mejoraron las condiciones del suelo y sobre todo su nivelación, lo que obligó a realizar mejoras en la distribución del agua. Se desbrozaron terrenos profundos, arenosos. Se hicieron perforaciones que aseguraron una provisión generosa de agua, empleando sistemas automáticos de distribución. Se dejaron de lado las espalderas bajas y se adoptó el parral tradicional de San Juan. Se distanciaron las plantas para facilitar una gran expansión vegetativa que permitió valores extremos de carga. Las consecuentes grandes producciones fueron "aguantadas" por los cepajes criollos con la "mezcla". Por aquel entonces, a principios de los 70, el gran consumo era de vino tinto y de rosado con pretensiones de tinto. En las transacciones se exigía no descender de una tonalidad que dio en llamarse "Color Buenos Aires." Este hecho tiene, a mi entender, una gran importancia, pues pone en evidencia la percepción empírica de la calidad, inmanente en el ser humano. La teoría está sustentada por el hecho de que siendo muy débil el color que se logra de esos cepajes rústicos, este debía ser reforzado con ciertas proporciones de caldos de cultivares (varietales) tintas. La que estaba suficientemente difundida para desempeñar ese rol de "muleta",

Gentileza profesor Carlos Campana, Diario Los Andes.

vineyard is run, whereby denominations came to be more and more clearly defined according to the distinct variety of grape used. The research that was carried out by the National Institute of Agricultural Technology's Experimental Station in Mendoza was key in correcting whatever confusions there were, and these clarifications were transmitted to the INV (the National Vitivinicultural Institute) which began to require wine producers to make the corresponding changes in their declarations. In 1990, this task was completed.

Until just after 1968, when the principal grape varieties in use were identified and organized according to agricultural engineer Alberto Alcalde's wine-growing schema, there was veritable chaos in how the main wines produced in Cuyo were denominated. "French grape" producers in Mendoza used the simple name Verdot to refer to certain lots of Malbec, apparently those with better vegetative conditions.

Wine consumption was experiencing a marked rise, which prompted an increased introduction of new ideas. "At that time, there were various factors that had a role in the requirements for larger-scale production to be met with. Soil conditions improved, principally in terms of surface leveling, which obliged producers to improve how water was distributed on their land. Low-lying, sandy terrain was cleared of underbrush. Pits and ditches were dug to ensure a more generous supply of water, and automatic distribution systems were utilized. The low trellises were put aside, and the traditional San Juan vine bowers were adopted. The plants were spaced out at a greater distance to promote more expansive leafage, which in turn allowed for maximum amounts of fruit on the vine. The resulting high level of production was ´made tolerable´ for the creole grape stocks by the ´mixes.´ In that period, at the beginning of the 1970s, the most widely consumed wines were red wines and rose's with red wine pretensions. In placing the product the basic demand was to not fall below a tone that went by the name ´Buenos Aires color.´ To my mind, this fact has great importance because what it makes evident is the empirical perception of quality, something immanent in any human being. The theory is upheld by the idea that, if the color achieved with those rustic types of grapes is very weak, then it should be reinforced with certain proportions of varietal red grapes. The type that was sufficiently well-known to fulfill that ´crutch´ role was Malbec, and so this grape – with the color it has – transmitted

era el Malbec y éste, con el color transmitía su gran calidad que, de alguna manera, era masivamente apreciada y en consecuencia exigida"
(Ingeniero Agrónomo Alberto Alcalde)

Un secreto: la uva Malbec no sólo daba color al vino, sino sabores y aromas especiales que el consumidor entendido en "vinos finos" detectaba en los "vinos comunes". El consumidor popular, de bajo poder adquisitivo, aplaudía el bajo precio de un producto que disfrutaba cada vez más y que, sin querer, estaba educando su paladar para los tintos de calidad. Sin embargo, no se percibía aún, el valor económico del Malbec. Otro secreto: la influencia del Malbec en la adhesión al vino en Argentina fue descubierta por los mismos franceses, quienes no podían creer que esa uva despreciada como generadora de un varietal francés fuera tan buena en Argentina. Y el tercer y gran secreto: en Mendoza, tierra de montañeses poco afectos a la comunicación abierta, el Malbec se manifestó como un gran vino, cuyas recetas de cría pertenecían a los contratistas y a viñateros de cuño que elaboraban ese vinito "especial" para el "consumo de la casa". Un vino de autor que no trascendía del círculo de las amistades.

"En la década del 80 se pusieron de moda los blancos, lo que obligó a los productores a "inventar" el "escurrido" para seguir usando las cosechas de "mezcla". En el ínterin sobrevino una enorme crisis de superproducción de la que se está emergiendo. La disminución universal del consumo, la baja calidad de esa producción masiva y la competencia de las gaseosas y la cerveza, junto a otros factores socioeconómicos, condujo al levantamiento de más de cien mil hectáreas. Se pierde allí una buena parte del patrimonio de variedades finas por sus bajas condiciones vegetativas, sanitarias y productivas."
(Ingeniero Agrónomo Alberto Alcalde)

Como nadie es profeta en su tierra, debieron ser los aplausos europeos, los que llamaron la atención de los productores mendocinos, quienes, haciendo caso de los estudios de las estaciones Experimentales de INTA Mendoza y Rama Caída, produjeron algunas selecciones masales que difundieron material de buena vegetación y producción de cepajes como los blancos Chenin, Sauvignon blanc y Chardonnay. En tintos, volvieron a implantarse, Merlot, Syrah, Sangiovese y especialmente Malbec. Esta acción inteligente –y a tiempo- respaldó el retorno a la producción de vinos importantes. Continuos éxitos en certámenes internacionales y una creciente presencia en mercados foráneos evidenciaron, por fin, la potencialidad cualitativa que ofrece nuestra ecología a los

its great quality which, in some way, came to be widely appreciated and, by consequence, increasingly sought out." (Agricultural engineer Alberto Alcalde)

A secret: the Malbec grape did not only give color to the wine; it also provided special flavors and aromas that a consumer who knew about "fine wines" could detect in "common wines" as well. The ordinary wine drinker, in a lower income bracket, applauded the more economical price of a product he could enjoy more and more, and without knowing so he was educating his palate for the appreciation of quality red wines. Even so, the economic value of Malbec still went unnoticed. Another secret: the influence that Malbec had in the loyalty to wine one sees in Argentina was something the French themselves discovered. They could not believe that that grape – scorned as a source for French varietal wines – could be so good in Argentina. The third secret, and a big one: in Mendoza, a mountainous area largely unaffected by open communications, Malbec emerged as a great wine, the secret recipes for which belonged to the experts and the born-and-bred vintners who elaborated this "special" little wine for "home consumption." A home-made wine that did not leave the tight circle of friendship and family.

"In the decade of the 1980s, white wines became the fashion of the day, which obliged the wine producers to "invent" the "draining" process in order to be able to continue using their harvests of "mixes." In the meantime, an enormous crisis of overproduction hit the industry. The overall diminishment in consumption, the lower quality of production on such a massive scale, and the competition of soft drinks and beer, along with other socio-economic factors, lead to suspended cultivation on over one hundred thousand hectares. There, a good share of the "heritage of fine varieties" was lost due to poor foliage, sanitary and productive conditions, which now are being recuperated."
(Agricultural engineer Alberto Alcalde)

Since it would seem no one is a prophet in his own land, it was the applause from Europe that called the attention of the wine producers in Mendoza, who – choosing to follow the indications of the INTA´s (National Institute of Agricultural Technology) Experimental Stations in Mendoza and Rama Caída – produced a few primary selections that expanded material with good foliage and good production of grape types such as the whites Chenin, Sauvignon blanc and Chardonnay. In reds, they went back to Merlot, Syrah, Sangiovese and especially Malbec. This intelligent action – and just in time – reinforced the return to a focus on producing important wines. Continued success with international juries and a growing presence in foreign markets

Gentileza profesor Carlos Campana, Diario Los Andes.

clásicos cepajes finos, como el Malbec, el emblema tinto de Argentina, donde se dan los mejores Malbec del mundo.

"Tengamos en cuenta que Argentina exporta "realmente" desde 1996, por lo cual estamos haciendo un gran esfuerzo. El desafío es que el mundo conozca la Argentina como proveedora de vinos de calidad y de amplia gama" (Ingeniero Juan Carlos Pina, Gerente de Bodegas de Argentina) Hoy, la Argentina es el principal exportador de mosto a nivel mundial y dentro del país las diferentes zonas vitivinícolas se van diferenciando. Así, el consumidor puede distinguir a Mendoza, San Juan, Cafayate, Río Negro o la Nueva Neuquén. En esto también ha influido el auge del turismo del vino en Mendoza y en todas las zonas vitivinícolas. En nuestro país existen más de 30.000 viñedos y 1.200 bodegas inscriptas. La Argentina ocupa el quinto lugar en la producción mundial, con vinos que circulan por todo el mundo obteniendo altos puntajes en catas a ciegas. Con el exótico Malbec a la cabeza, sobre el que todo el mundo vitivinícola tiene puestos sus ojos, la pasión por los vinos aumenta cada día. Wine bars, clubes de vinos, enotecas, vinotecas, concursos internacionales; turismo vitivinícola, "Caminos del Vino", noches de "wine lovers", exposiciones de vinos, ferias de vinos, bodegas posadas y tours de vinos, además de los cursos de cata, degustación y gastronomía basadas en el vino, han venido a respaldar el camino de un cepaje que acompañó el crecimiento vitivinícola del país que eligió por terruño.

made clear, at last, that real quality potential is offered by our natural ecology for classic, fine grape stock, like Malbec, the emblematic red wine of Argentina, where some of the world's best red wines are from.

"Let's keep in mind that Argentina has been exporting ´really´ only since 1996, and for this reason we are making so much effort. The challenge we face is to make it known to the world that Argentina produces wines of high quality and range." (Engineer Juan Carlos Pina, General Manager, Wine Cellars of Argentina) Today, Argentina is the principal must exporter in the world, and within the country itself diverse wine-growing areas distinguish themselves as well. Thus the consumer can differentiate between Mendoza, San Juan, Cafayate, Rio Negro or New Neuquen. A further role is played by the rise in wine tourism seen in Mendoza and in all the wine-growing regions. In our country there are more than 30,000 vineyards and 1,200 registered wine cellars. Argentina ranks fifth in the world in production, with wines that circulate around the globe obtaining high scores in blind tastings. With exotic Malbec heading up the list, the wine that the entire vitivinicultural world has its eye on today, the passion for wines is growing every day. Wine bars, wine clubs, international competitions, vitivinicultural tourism, "Wine Roads," "wine lover" nights, wine expos, wine fairs, wine inns and wine tours, not to mention wine-tasting courses, tastings and gastronomy based on wines, all these phenomena have come to reinforce the trajectory of a variety of wine that has gone hand-in-hand with the overall growth of wine-production in the country whose native soil it chose as its own.

Raúl de la Mota. Enólogo.

Pionero de la enología moderna en Argentina, con más de 50 años de experiencia en su profesión. Desde 2002 asesora a numerosas bodegas de la región de Cuyo y de otras zonas de nuestro país.

Oenologist. Pioneer of modern oenology in Argentina, with over 50 years' experience in his field. Since 2002, he is the expert consultant for numerous wine cellars in the Cuyo region and in other areas of our country.

La intuicion y el arte lograron el mejor malbec del mundo
Intuition and the art of achieving the world's best malbec

Hasta 1970, la Malbec era considerada una uva común, destinada a la vinificación de vinos ordinarios. Era la que permitía darle color y un poco de gusto a los vinos criollos, comunes de gran consumo en el país. En 1980 se despertó en Mendoza el interés por vinificar cada vez mejor y me sentí muy gratificado porque fue la coronación de un gran esfuerzo de 10 años, tratando de valorizar la producción de vinos Malbec con calidad internacional. Con ese vino empezó a salir el productor argentino al mercado exterior, que fue sorprendido gratamente por el arribo de una variedad que -por su originalidad- sale del conjunto de los vinos muy conocidos que permanentemente asedian ese mercado de vinos de alta gama.

En su patria de origen, en el sudoeste de Francia, el Côt, nombre original del Malbec, da un vino ordinario. Para corregir las deficiencias que allí da, se lo produce mezclado con el Tannat. Su denominación actual se debe a un médico de apellido Malbeck, quién lo introdujo en Cahors, la región Occitana francesa, En cambio, en la Argentina no tenemos necesidad de mezclar uvas Malbec con otras variedades para hacer un excelente vino tinto. Cuando se lo cosecha con la madurez adecuada, da vinos muy estructurados, de mucho cuerpo, sumamente sabrosos y con un espectro aromático muy amplio, poco usual en los tintos.

Los buenos vinos tienen dos grandes secretos: dedicación en la viña y en la vinificación. El Malbec es una "cultivar", una viña que requiere cuidados, atención y conocimientos. Es preciso conocerla, verla, experimentarla y saber cómo y en qué lugar se la implanta. Por eso fue, sin dudas, la experiencia y la intuición de nuestros productores las que dieron el primer gran paso, eligiendo los sitios que comenzaron a dar el mejor Malbec del mundo. Todo es una cuestión de cuidados y preocupación. Si esa preocupación no existe, el viñador va a obtener una masa de uva como cualquier otra variedad que se cultivó descuidadamente.

Hay que ver las cualidades del terreno, las condiciones de humedad, las condiciones de los vientos, la presencia de las heladas tardías o tempranas, las cualidades del suelo (arcilloso, franco o pedregoso). Esto lo va descubriendo el hombre con el pasar de los años y eso requiere dedicación, mucho tiempo y mucha inversión. La calidad final del vino es una suma de cualidades: calidad de materia prima, calidad de tratamiento, calidad de la uva, calidad de la cosecha, calidad del acarreo, calidad del estrujamiento de la uva, calidad del encubado. Es una sumatoria que no se puede obviar.

Until 1970, the Malbec grape was considered an ordinary variety, meant for use in elaborating dime-a-dozen wines. It was the grape used to add a bit of color and a little flavor to the local "creole" wines that went for mass consumption locally. In 1980, an interest in higher quality wine-making awoke in Mendoza province, and I was deeply gratified because it was like the belated reward for 10 years of effort I'd made trying to valorize the production of Malbec wines at an international level of quality. That was the wine that allowed the Argentine wine-maker to break onto the international market. And the arrival of this varietal was a surprise to that international market: it had such originality that it set itself completely apart from the quite familiar types that already besieged the market of high quality wines. In its region of geographical origin, the southwestern region of France or "Cot" – which is in fact the original name of the Malbec grape –, this fruit produces a very common type of wine. There, the customary practice is to mix it with Tannat, to correct its deficiencies. It got its name from a certain physician named Malbeck who first brought it to Cahors, in the Occitane region of France. On the other hand, in Argentina, there is no reason for us to have to mix our Malbec grapes with other varieties in order to produce an excellent red wine. If it is harvested with the right degree of ripeness, our Malbec grape makes for a very structured wine, with a lot of body, supremely flavorful, and with a very broad aromatic range, something quite unusual in red wines.

Good red wines have two great secrets: dedication in the fields and dedication in the winery. The Malbec grape is one that must be "cultivated": its vines need care, attention, and expertise. One must know it, see it, experience it and know how and in which exact places it should be planted. That's why, without a doubt, it was the experience and the intuition of our local vintners that took the first big step: they chose the regions where the world's finest Malbec grapes would begin to grow. It all depends on care and concern. Without that concern, the vineyard owner will end up with a mass of grapes as much like this one as like any other type he might have tried to cultivate, but carelessly, without concern.

One must be keyed into the conditions of the land, the humidity, the wind factors, the occurrence of last or early frosts, the specific qualities of the soil (claylike, clear, or rocky). This is the kind of thing one only comes to know over time, and that means dedication, a lot of time, and a significant investment too. The ultimate quality of the wine is the sum of a series of moments of quality: that it had as raw material, the quality with which it was

Nuestro país es el único lugar donde se hace vino Malbec puro. Sorprende gratamente al consumidor por ser un vino con algunas características delicadas y originales de aromas y de gusto, además de su excelente color. Su intensidad aumenta o disminuye según los lugares donde se produce. En comparación con los vinos obtenidos de otras variedades tintas (como el Cabernet Sauvignon o el Cabernet Franc o el Merlot o el Pinot Noir, o la misma Syrah) nuestro Malbec revela caracteres tan agradables que lo distinguieron como único en el mundo.

El vino debe ser la consecuencia del trabajo de un vinificador que supo introducir o modificar algún parámetro en la vinificación, con el afán de mejorarla cualitativamente. Como consecuencia de ello, el vino demuestra alguna característica personal, es lo que se llama dar personalidad a un vino.

Si el enólogo, o vinificador, no logra diferenciar su vino, su trabajo se torna rutinario. Al no apreciar mayores diferencias, el consumidor termina pensando que "el vino se fabrica" y no que "se elabora". El enólogo, según las cualidades que tenga la materia prima, debe a su vez decidir a qué procedimiento de vinificación la va a someter para obtener el mejor vino posible. El sacrificio es conjunto, de cultivadores y elaboradores, para reducir la productividad y cultivar variedades de poco rendimiento y gran calidad. Tienen que saber que ese es el porvenir que tienen. Esto es una dedicación muy sacrificada y personal que no siempre es reconocida en la Argentina. La naturaleza le indica al enólogo que, según el sitio donde se cultiva determinada variedad, va a obtener un fruto con características particulares y que su vino será consecuencia de esa interacción tan compleja entre clima y suelo, muy difícil de precisar en sus menores detalles. El vinificador debe ser capaz de descubrir esa materia prima que le brindará un vino distinto al que está produciendo su vecino, o las bodegas de otro distrito, u otro departamento. Si es capaz de lograr un buen vino, y a la vez diferente, estará produciendo el gran vino. Los méritos del enólogo dependen "de la muñeca que tenga". En Argentina los mejores Malbec provienen de viñedos cultivados en altura. Necesita mucha diferencia térmica entre el día y la noche. La variación de temperatura entre el calor del día y el frío de la noche provoca en los frutos la multiplicación de los polifenoles (1) en general y, sobre todo, de los antosianos.

Las alturas de la precordillera mejoran la calidad del vino, atenuando los rigores del verano. En el pedemonte mendocino, en zonas como Las Heras, Luján de Cuyo, Tupungato y Tunuyán se están instalando nuevos viñedos y bodegas aprovechando las excelentes condiciones climáticas. Algo parecido sucede en Río Negro. En Salta la vitivinicultura se ha desarrollado sobre todo en Cafayate, que tiene las condiciones de diferencia térmica más apropiadas. El Malbec encontró en la Argentina un lugar con condiciones ambientales que no están en otra parte y dio un producto de calidad indiscutida. Argentina goza de un clima y un suelo realmente formidables y que son obra de Dios. A pesar de los enormes progresos científicos que se han logrado hoy en día, la vinificación sigue siendo, todavía, un arte. Yo creo que la vitivinicultura argentina puede ser grande y de gran prestigio, hecha con arte.

Los argentinos decimos: "es nuestra variedad emblemática". ¡Claro que el Malbec argentino merece un libro!

treated and nurtured, the natural quality of its grapes, of its harvest, its transportation, and the crushing of its fruits, even the quality of how it was poured into the vats. This is an accumulated sum total that cannot be ignored or taken lightly. Our country is the only place where pure Malbec is produced. It is a pleasant surprise for the wine consumer because it is a wine with several delicate and unique aromas and flavors, in addition to its outstanding color. Its intensity may be more or less pronounced, depending on the specific place where it was produced. As compared with the wines obtained from other varietal red wine grapes (such as Cabernet Sauvignon, or Cabernet Franc, or Merlot, or Pinot Noir, or even Syrah) our Malbec reveals attributes that are so pleasing as to distinguish it from any other known to the world..

A wine should be a direct result of efforts made by a vintner who has known how to introduce or to modify wine-making parameters to best serve his aim of bringing out the best quality product he can. Because of that, that wine will have a certain unique or personal air, which is why we say a wine has its own "personality."

If the oenologist or wine-maker does not manage to bring out that unique character in his wine, his work becomes mere routine. If the consumer can't perceive a significant difference between this wine and others, he will end up thinking "this wine came off an assembly-line" and not "this wine was born." The oenologist, responding to the qualities he finds in his natural raw materials, has to determine what wine-making processes he should apply to make the best wine possible. The sacrifice is a joint one that both farmer and wine-maker make: they must reduce gross productivity and cultivate varieties that have low yields but with very high levels of quality. They must keep in mind that that is where their future lies.

This is a vocation of deep personal commitment and no small sacrifice, a fact that often goes unrecognized in Argentina. Nature tells the oenologist – according to the region a certain varietal grape is grown in – that he will obtain fruits with specific attributes. The wine he makes will be a direct result of the complex interaction between the climate and the soil, a relationship that can hardly be defined in all its subtle details.

The wine-maker must have the capacity to discover the raw material that will make his wine different from the one his neighbor makes, or that the vintners produce in another district or county. If he is able to achieve a good wine that is also uniquely different, then he will have a great wine. An oenologist's worth is in the "touch" he alone has. In Argentina, the best Malbec wines come from the high altitude vineyards. These wines need that extreme difference between daytime and nighttime temperatures. The variance between the heat during the day and the cold at night means that the fruit will have a higher multiplicity in general of polyphenols (1), and in particular of anthocyanins. The high altitudes of the Andean sierras improve the quality of the wine, softening the harshness of the summers. At the foot of the mountains in Mendoza Province, in zones such as Las Heras, Luján de Cuyo, Tupungato and Tunuyán, there is a proliferation of new vineyards and wine cellars that seek to take advantage of these excellent climactic conditions. A similar phenomenon is taking place in Río Negro. In the province of Salta, the wine-making and the cultivation of wine grapes is developing primarily in Cafayate, which has the most appropriate conditions in terms of temperature variance. The Malbec varietal has found, in Argentina, a place with environmental conditions that go unmatched elsewhere in the world and, hence, can produce a wine of undisputed top quality. Argentina has a climate and a type of soil that are truly outstanding and that are the work of God. Today's tremendous scientific advances notwithstanding, wine-making is still, first and foremost, an art. I believe that Argentina's wine-making can be great and highly prestigious, done as an art. We Argentines say: *"it's our emblematic varietal."* Naturally, Argentine Malbec deserves a book of its own!

(1) En el vino se encuentran más de 800 sustancias, algunas de ellas aún no muy conocidas. Las que mayores beneficios aportan a la salud del ser humano son los polifenoles, presentes en los hollejos de las uvas rojas y sus semillas.
Wine contains over 800 substances, some of which are not very well-known yet. Those that provide the greatest benefits for human health are polyphenols, present in the skins and seeds of red grapes.

Las Estaciones
The Seasons

Las estaciones, con sus variaciones climáticas, determinan las etapas de cambio y evolución por las que atraviesan las viñas y vides durante los doce meses del año y son las responsables de los espléndidos paisajes de formas y colores bien diferenciados en cada período. En Agrelo, Mendoza, cordillera y viñas establecen un diálogo de nieve y vegetación que varía en tonalidades y densidad, invitando a aprovechar las ofertas turísticas que se ofrecen en cada zona vitícola.

The seasons, with their climactic variations, determine the stages of change and evolution the vineyards and the grapevines go through over the course of a year's twelve months. They are also responsible for the splendid pastoral vistas, with clearly defined shapes and colors specific to each season. In Agrelo, Mendoza, the mountain range and the vineyards carry on a dialogue of snow and vegetation that changes in color and density, inviting the tourist to enjoy the options each intriguing area offers, every different month of the year.

Finca de Luján de Cuyo, Mendoza, con el volcán Tupungato de fondo y los álamos entonados por una paleta riquísima de infinitos amarillos y ocres. Encantando el paisaje con su tupida levedad, estos árboles sirven de barrera natural para proteger los viñedos de los fuertes vientos característicos de las regiones de Cuyo y del Alto Valle de Río Negro.

A farm in Luján de Cuyo, Mendoza, with the Tupungato volcano in the background and the poplar trees like a painter´s palette of rich and infinite yellows and burnt orange tones. Closely woven yet light, making the landscape appear almost magical, the leaves spread out above and provide a natural shield to protect the vineyards from the strong winds that are so characteristic of the Cuyo and Alto Valle region of Río Negro.

Otoño

AUTUMN

El Malbec argentino se cultiva sobre el pedemonte (piedmont) oriental de la precordillera de los Andes, en un recorrido de más de 2.000 kms, desde la provincia norteña de Salta hasta la provincia sureña de Río Negro. Los viñedos están plantados en alturas que varían de los 800 a los 2.000 mts. s.n.m. según la zona. Según el calendario austral, el equinoccio del 21 de marzo inicia el otoño en el hemisferio sur. Para la viticultura argentina, el período de receso e "introspección" de sus viñas recién comienza cuando el último racimo de la producción del año ha sido cosechado. La vendimia comienza durante los últimos días del verano y puede prolongarse hasta mediados de abril.

La latitud, la altura, el clima y el manejo del viñedo determinan el momento en que sus uvas ingresan a los lagares, marcando así el verdadero comienzo del otoño varietal. Las vides entran en su etapa de reposo. Las hojas pierden sus verdes y -antes de desvestir las plantas- comienzan su festival de amarillos, ocres, rojos, púrpuras y marrones. El otoño precordillerano se caracteriza por los bellísimos y coloridos paisajes en todas las zonas de cultivo del Malbec.

Después del mes de mayo, en que se deja descansar la tierra, comienzan, entre otros, el mantenimiento de los modernos sistemas de riego por goteo y los injertos que ayudarán a mejorar el rendimiento de las viñas en la próxima cosecha.

Argentine Malbec is cultivated on the eastern face of the Andean mountain base, in an extension of land over 2000 kilometers long, stretching from the northern province of Salta to the southern one of Río Negro. The vineyards are planted at altitudes that vary from 800 to 2000 meters above sea-level, depending on the zone. By the southern hemisphere's calendar, the equinox on the 21st of March marks the start of autumn. For wine-growing in Argentina, the period of rest and "introspection" for the vines does not begin until the last cluster of grapes planted the previous year has been harvested. Harvest begins at the end of the austral summer and can go on until mid-April. The latitude, the altitude, climate and the way the vineyard is managed are the factors that determine when the grapes will be put in the crushers, marking the true start of the varietal wine's autumn.

Then the plants enter a period of rest; the leaves lose their green tones and begin a festival of yellows, burnt oranges, reds, purples and browns before falling away. The autumn of the lower Andean mountain range is characterized by the beautiful and richly colored landscapes produced by the Malbec vines. After May, when the earth is left to lie fallow, comes the proper time for tasks such as maintenance work on the modern system of drip irrigation and grafting which will help to improve the vines' production levels in the next year's harvest.

"Para decir que algo era muy bueno, en Mendoza se usaba la expresión '¡Esto es una viña!'"

"To say something is good, in Mendoza one would use the expression: 'It's a grapevine!'"

Ing. Agr. Alberto Alcalde (Agricultural Engineer)

Viñas de Tupungato, Mendoza, durante los primeros días de otoño. Se pueden apreciar los viñedos orientados de Norte a Sur para lograr una mejor insolación y los modernos sistemas de conducción en espalderas, de 3 ó 4 alambres, con 1,80 m de separación entre hileras.

Grapevines in Tupungato, Mendoza, in the first days of the autumn rest period. One can appreciate this vista of the vineyards planted with a north-to-south orientation so that the grapevines receive optimal sunlight. One can also see the modern systems for training the vines: trellises made of 3 or 4 wires with 1.80 meters between the rows.

La variedad Malbec se caracteriza, ampelográficamente, por sus hojas orbiculares y cuneiformes; desiguales, rugosas, de tres lóbulos débiles y con un lóbulo medio muy largo, con dientes agudos y medianos. En abril-mayo enrojecen hasta llegar al característico color bordó (bordeaux) que identifica el paisaje de estos viñedos en el otoño argentino.

The Malbec plant is characterized ampelographically (or according to the schema used to analyze grapevines and grape cultivation) by its circular and wedge-shaped leaves, uneven, corrugated, with three weaker lobes and one very long middle lobe with sharp medium-length teeth. Around April or May, they grow redder until reaching at last their characteristic burgundy (dark red, Bordeaux) color, which is the trademark of these vineyard landscapes in Argentina's autumn months.

Después de la cosecha, las vides entran suavemente en reposo. Las hojas amarillean y comienza el festival de dorados, ocres, rojos y sepias hasta fundirse con los neutros de la tierra del pedemonte. Este momento se aprovecha para realizar el mantenimiento, control, ajuste y reparación de los caños plásticos del sistema de riego artificial por goteo.

After the harvest, the plants gently enter a rest period. The leaves turn yellow, relinquishing their former green, and the festival of other colors begins: golden hues, oranges, reds and sepias bleeding even into the neutral tones of the earth at the base of the mountain range. This moment is taken advantage of to carry out maintenance tasks: checking, adjusting and repairing the plastic tubes of the modern system of drip irrigation.

Los injertos son considerados imprescindibles en la viticultura actual. Permiten obtener plantas más resistentes, adelantar sus tiempos y aumentar la producción de frutos. Las yemas pueden ser injertadas sobre pie americano, asegurando la adaptación de la planta a diferentes suelos, el control de vigor y para prevenir la filoxera y los nematodos. El injerto omega sobre pie americano (llamado así porque el corte que se practica tiene la forma de esa letra griega Ω) es una práctica muy difundida en nuestro país. Después de injertadas, las yemas del varietal, son cubiertas con cera caliente para protegerlas de enfermedades e insectos.

Grafting is considered a key process in current viticulture, allowing winegrowers to increase their plants' resistance, speed up growth times, and boost the yield of fruit. The buds can be grafted over rootstock, ensuring the plant's adaptation to different soils, acquiring more stability in the vines' strength, and preventing phylloxera and nematodes. The omega graft over rootstock (so named because it is a cut that uses the shape of that letter of the Greek alphabet) is a practice that is employed widely in our country. After grafting, the buds of the type of varietal that one intends to cultivate are coated with hot wax to protect them from diseases and insects.

Los pies injertados son colocados en pequeños contenedores biodegradables para que enraicen. En primavera, los brotes emergen con facilidad a través de la cera y las nuevas plantas, aparentemente delicadas, quedan listas para el trasplante definitivo.

The grafted stems are placed in small biodegradable containers so they can form roots. In spring, the shoots break easily through the wax and the new plants, seemingly delicate, are ready for definitive transplanting.

•MALBEC·N·3309
• LOT.H..28.10.02

Con las primeras heladas se llevan a cabo delicados trabajos en la viña. El invierno propicia la poda y la renovación de plantas, mediante la implantación de acodos subterráneos o mugrones.

Cuando la Cordillera de los Andes se cubre de nieve, la planta de la vid entra en estado vegetativo, su savia baja a las raíces y allí se instala como reserva energética. Los sarmientos, o ramas producidas por la planta durante el período agrícola anterior, se encuentran escasos de savia. Es el momento de la poda. El método dependerá del sistema de conducción que se haya elegido para la viña. La poda se realiza en forma manual y con tijeras especiales. Se trata de uno de los trabajos más importantes y de ella depende la cantidad de uva que producirá la viña para la próxima vendimia (cosecha). El más difundido y recomendado en nuestro país es el donominado Guyot Doble, que consiste en permitir dos brazos cargadores atados al primer alambre sobre los que se dejan de 6 a 8 yemas de las que brotarán los racimos de uva. En las mañanas de junio y julio (los meses más fríos en Argentina) se hacen las ataduras de los cargadores. Una costumbre tradicional es amarrar los extremos de las ramas cargadoras al alambre guía con cintas de totora (Typha dominguensis Pers). Se trata de una planta perenne que crece a la vera de los ríos y lagunas del desierto mendocino. Sus largas hojas lineales -de hasta 1,5 m de largo- se estiban desecadas y se mojan para lograr una atadura bien firme -y duradera- de las ramas. Son verdaderos lazos orgánicos que no estrangulan, permitiendo el paso normal de la savia. Otra forma de multiplicación de la vid es la de la implantación de acodos subterráneos o mugrones, aplicada en variedades de difícil arraigamiento o en la reposición de plantas defectuosas. Se entierra un mugrón -o sarmiento- del año anterior, en un pozo no muy profundo para que genere raíces formando así una nueva planta. Luego de dos años estará en condiciones de ser separada de la planta madre. Para sostener los débiles mugrones y distinguirlos de las plantas adultas se utilizan tutores. Aproximadamente en 36 meses, las nuevas plantas comenzarán a dar sus frutos.

Invierno
WINTER

With the first frost, a vineyard's more delicate tasks are carried out: winter is the time for pruning and renewing the vines by implanting underground shoots or runners. Once snow has covered the Andes mountains, the plant enters a vegetative state; its sap descends to its roots and remains there, like an energy reserve. The vine shoots or branches that the plant has produced during the previous growth cycle now lack sap, and the time for pruning has come. Pruning methods will vary according to the system chosen to train the vines´ growth. This work is hand-done with special clippers. Pruning is one of the most important tasks and will determine how many grapes a vine will produce for the next harvest. The system that is most widely used and recommended in Argentina is the one called the Double Guyot which consists in allowing only two loading shoots to remain tied to the first wire, with 6 to 8 buds on it. It is from these buds that the new harvest's clusters will sprout.

On June and July mornings (the coldest months in Argentina) the loading shoots are tied. It is a traditional custom to fix the ends of the loading shoots to the guide wire with cattail fibers (Typha dominguensis Pers). This is a perennial plant that grows next to rivers and lagoons in Mendoza's desert area. Its long lineal leaves – up to 1.5 meters long – are packed tightly while dry and then are moistened to achieve a firm, durable knotting of the branches. These are truly organic knots that won't strangle the vine and will allow the sap to circulate as it normally should.

Another way to make the grapevines multiply is implanting underground shoots or runners, a technique applied for species that have difficulty taking root or for replanting defective plants. A runner or vine shoot from the previous year is buried, in a not very deep pit, so that it will generate roots and hence form a new plant. After two years' time, it will be ready to be separated from the mother-plant. Tutors are used to sustain the weaker shoots and to differentiate the runners from adult plants. In approximately 36 months the new plants will begin to bear fruit.

Con sólo un año de vida, las ramas (o sarmientos) de las cepas de Malbec del período agrícola anterior, se encuentran escasas de savia y prontas para ser podadas. La tarea es manual, con tijeras adaptadas especialmente. La poda es uno de los trabajos más importantes, porque de ella depende la cantidad y calidad de la uva que producirá la planta en la próxima vendimia. (Arriba izquierda y derecha).

La atadura -otro de los trabajos culturales en la viña- consiste en atar los extremos de los sarmientos podados al alambre guía. Tradicionalmente se lo hace con ramas de totora, planta semi acuática de largas hojas lineales (de hasta 1,5 m de largo) que, cuando maduran, son guardadas secas. Para la atadura se las humedece, de ese modo sostienen las ramas sin estrangular, permitiendo el flujo de la savia cuando la planta se activa en los meses primaverales. (Abajo izquierda).

Otra forma de multiplicación de la vid es la de la implantación de acodos subterráneos o mugrones. Se entierra un sarmiento del año anterior en un pozo no muy profundo para que genere raíces durante los meses siguientes. De esa manera surgirá una nueva planta. (Abajo derecha).

After only one year of growth, the branches (or vine shoots) of the Malbec rootstalks from the previous growth cycle do not have enough sap and will soon be pruned away. This work is done by hand, with clippers that have been specially adapted for the job. Pruning is one of the most important tasks because it determines both the quality and the quantity of grapes that the plant will produce in the next grape harvest. (Top left and right)

"Tying" – another task specific to grapevine cultivation – consists of tying the ends of the pruned branches to the guide wire. This is traditionally done with cattail fibers. This is a semi-aquatic plant with long linear leaves (up to 1.5 meters long) that, once mature, are stored dry. For tying, the leaves are dampened so that they will hold the vine branches without strangling them, and will allow the sap to flow freely when the plant becomes active in the months of spring. (Bottom left)

Another technique used to increase the number of vines is to implant underground shoots or runners. A branch from the previous year is buried at a moderate depth and so that roots will be generated during the coming months. In this way a new plant will grow. (Bottom right)

En las mañanas heladas de junio y julio se atan los sarmientos a los alambres guías. La iglesia del Seminario de Lunlunta, en Luján de Cuyo, Mendoza, contrasta sus antiguos olivos con esta finca que muestra sus viñas desvestidas de hojas en el descanso invernal

Frosty mornings in June and July are when the branches get tied to the guide wires. The church of the Lunlunta Seminary, in Luján de Cuyo, Mendoza, contrasts its ancient olive trees with this farm's bare vines during the fallow winter rest period.

En invierno, la Cordillera de los Andes se cubre de nieve y las viñas se desvisten de hojas y frutos. A partir de junio o julio, en Tunuyán, Mendoza, las montañas acumulan el manto blanco de nieve que alimentará las vides con el agua de deshielo, dándole al Malbec argentino características que lo distinguen y destacan de los de otras regiones del mundo.

In winter, the Andes are covered with snow, and the vines lose their leaves and fruit. In Tunuyán, Mendoza, from June or July the mountains accumulate white snow cover that will provide the vineyards with water from the thaw, giving Argentine Malbec the characteristics that distinguish it and make it stand out from those of other regions in the world.

Con los primeros fríos invernales las plantas comienzan a atesorar energía. Para el hombre es época de podar, guiar, atar, multiplicar y preparar las vides para que la primavera las encuentre en óptimas condiciones de florecimiento y desarrollo.

With the first winter cold, the plants begin to store energy. For man, this is the time for pruning, training, tying, multiplying, and preparing the vines so that, when spring comes, they'll be in the best shape for flowering and further development.

Alberto Alcalde.

Ingeniero agrónomo, autor de "Cultivares Vitícolas Argentinos" y del esquema ampelográfico que ordenó la viticultura en el país

Agricultural Engineer, author of "Wine-producing Agriculture in Argentina" and of the schema that organized wine production in this country

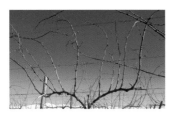

Cuando la Cordillera de los Andes se tiñe de blanco, la planta de la vid entra en estado vegetativo, su savia baja a las raíces y allí se instala como reserva energética. Esta vid de Malbec, en Tunuyán, Mendoza, muestra claramente los cargadores del año anterior atados al alambre guía en sistema Guyot y sus largos sarmientos - producidos por la planta durante el período agrícola anterior- listos para la poda.

When the Andes are covered with snow, the vine's plant enters into a vegetative state; its sap descends to the roots and settles there as stored energy. This Malbec vineyard, in Tunuyán, Mendoza, clearly shows the previous year's loading shoots tied to the guide wire per the Guyot system, and its long branches – produced by the plant during the previous growth period – are ready to be pruned.

CEPAJE NOBLE QUE BUSCÓ SU TERRUÑO PARA DAR LOS MEJORES MALBEC AL MUNDO.
A NOBLE GRAPEVINE STOCK THAT SOUGHT OUT A NATIVE SOIL THAT WOULD PRODUCE THE WORLD´S BEST MALBEC WINES

Llegó en primera línea y a fuerza de resistencia y condiciones se convirtió en la figura emblemática entre los mejores vinos argentinos. Es increíble, en Mendoza el Malbec tiene alma. Uno, a veces, no sabe porqué, pero sabe que esos viñedos que están frente a los ojos son una plantación de Malbec ¡Y es una viña de Malbec! Al vino lo admiro y lo disfruto, pero como especialista he dedicado mi vida a los cepajes. La Ampelografía, es la descripción de las características (por intermedio de un esquema ampelográfico) a través de las cuales se pueden diferenciar las variedades; ese es el trabajo previo a la compra e implantación de vides de importancia económica. En Argentina había muchas confusiones y discusiones para detectar los cepajes, pero a partir de 1900, los especialistas fueron avanzando sin pausas. Desde la década del 60, a través de la Estación Experimental Mendoza del INTA (Instituto Nacional de Tecnología Agraria), comenzamos a regular la producción de las cepas europeas a través de la poda y el riego. Los productores en general, utilizaban "las vides europeas" sin clasificarlas. Pero no hubo ni habrá viticultor mendocino que no sepa del valor del Malbec. Dejando menor número de yemas, y produciendo estrés hídrico en nuestra colección experimental, fuimos logrando vinos maravillosos. Mi esquema ampelográfico se basa en el esquema oficial de la OIV (Oficine Internacional du Vin). Se utiliza en todas las regiones del país porque lo fui adaptando a nuestra idiosincrasia, para acostumbrar a los productores a tener un intercambio fluido con el conocimiento que les permitiera competir económicamente y llegar al comercio internacional; puede abarcar todas las variedades de uvas. Los avances en Virología, que es toda una especialidad, también nos permitieron hacer la selección de las mejores cepas de Malbec y, hasta la década del 60, contamos con toda una presencia divina de Malbec. Lamentablemente, con el auge del "Tinto Buenos Aires" (vino común muy popular que se vendía a granel sobre todo en la capital argentina) se arrancaron 100 mil hectáreas de Malbec. Los nuevos viñedos se están haciendo con cepas importadas, pero las cepas antiguas dan vinos cada vez mejores. La mayoría de las variedades tienen algo que las distingue, pero la planta de Malbec es curiosa. No tiene casi nada en particular. Lo único llamativo es el bimorfismo foliar, con hojas enteras y hojas más o menos trilobadas. Otro motivo que lo hace particular y lo destaca es que en Francia, nunca fue importante porque no dio ni da vinos especiales. O sea que el mismo cepaje Malbec eligió su terruño para que su vino se manifieste en su máxima expresión.

Otra curiosidad es que, si bien es nuestra ecología la que da Malbec únicos, estos fueron destacados, antes que nadie, por los mismos europeos. Es un vino que está en primera línea y se mantiene en primera línea. Es un vino que nace noble desde la cepa.

It was among the first to arrive to these lands, and by virtue of its resistance and its own characteristics it came to be the emblematic figure among the best Argentine wines. It is an incredible fact: the soul of Malbec lives in Mendoza. At times, without knowing quite why, one knows that those vineyards lying before one´s eyes are planted with Malbec grapes. It is a Malbec vine! I admire and enjoy the wine, but as a specialist I have dedicated my life to the grapevines and their varieties. "Ampelography" is the description of the specific characteristics (by way of an ampelographic or wine-production schema) that make it possible to differentiate the diverse varieties of wine grapes. It is part of the work that is done prior to purchasing and planting grapevines of economical significance. In Argentina there was much confusion and dispute over how to identify the grapevine stocks, but from 1900 on specialists have advanced in this area without pause. In the decade of the 1960s, through the National Institute of Agricultural Technology's Experimental Station in Mendoza, we began to regulate the production of European grapevine stocks through pruning and irrigation. Wine growers in general used "the European grapevines" without classifying them specifically. But there never was or will be a vintner who does not know the value of the Malbec variety. Leaving a lower number of buds on the vine and prompting hydro-stress in our experimental collection, we became able to achieve marvelous wines. My "ampelographic" schema of wine production in the area is based on the official schema of the OIV (Oficine Internacional du Vin) and is used in all regions of this country because I adapted it to our local idiosyncrasies, so that producers here could acquire the habit of having a fluid dialogue with the know-how that would allow them to compete internationally and to reach international markets. My schema is applicable to all varieties of grapes. Advancements in virology, a specialty in itself, also allowed us to make effective selections and choose the best Malbec grapevine stocks; hence, up until the 1960s, we enjoyed a practically divine presence of Malbec. Unfortunately, with the heyday of the "Buenos Aires red" (an ordinary and very popular wine that was sold in bulk, mostly in the national capital) 100,000 hectares of Malbec cultivation were undone. The new vineyards are reinstating cultivation with imported grapevine stocks, but the old original ones produce wines that are getting better all the time. The majority of grapevine varieties have something that distinguishes them in particular, but the Malbec plant is curious. It has almost nothing that is identifiably characteristic about it. The only aspect that might call one's attention is the bi-morphic quality of its leaves, with whole ones as well as some that are more or less trilobite or clover-shaped. Another aspect that is unique about it and that makes it stand out is that in France it was never an important type of grape because it never produced very special wines. That is to say, this same Malbec grapevine stock chose its own soil, the land and conditions that would allow its wine to manifest in its maximum expression.

Another curious aspect is that, while our ecology is the one that produced the unique and special Malbec wines, the ones who recognized them, before anyone else, were the Europeans. It is a premium wine, and it holds steady in its premium position. It is a wine that is born noble at its very root.

Primavera

SPRING

La primavera renace en cada cepa de vid. Cogollos (brotes) y botones de flores surgen de las yemas que despiertan del letargo. Las hojitas van abriéndose en una aparente fragilidad. La planta de Malbec muestra su coraje frente al clima extremo del desierto montañés. Sus gajos frescos y brillantes soportarán los 16 o 18 riegos artificiales y el estrés hídrico que indiquen los especialistas para lograr el vino esperado. En la mitad de la estación, la canopia vegetal se encuentra desarrollada a pleno. Con el tiempo seco y ya sin heladas, con días soleados y temperaturas que van de 18 a 25 grados centígrados, se dan las condiciones ideales para que se produzca la floración de la vid, un fenómeno exquisito y casi exclusivamente reservado a los afortunados ingenieros agrónomos y agro trabajadores que tienen el privilegio de presenciarla. Durante 10 a 15 días, caminar entre las hileras de viñas de Malbec resulta una experiencia mágica, en la que los cinco sentidos serán atrapados por las delicadas flores enracimadas. Antes de dar los pequeños granos verdes, ellas exhalan un aroma sutilmente herbáceo y dulce. Las viñas envuelven al visitante en un placer único y muy poco difundido.

Producida la fecundación, las flores cuajan y se transforman en frutos, pequeñas bayas verdes constituídas fundamentalmente por clorofila y cierta cantidad de ácidos. Una buena floración y el adecuado cuajado de los frutos definirán la futura cosecha.

El hombre acompaña estos cambios de la naturaleza realizando labores en la viña, acordes a las necesidades de la temporada. Se instalan y refuerzan alambres, se reparan o renuevan estacas y empalizadas, se colocan tutores que guiarán el desarrollo de las plantas jóvenes.

Spring is reborn in each rootstalk of the vineyard. Sprouts and new shoots emerge from the buds which awaken now from their lethargic hibernation. Tiny leaves begin to open in apparent fragility. The Malbec plant demonstrates its courage in the face of the extreme climate conditions of this mountain desert. Its fresh, shining offshoot stems will have to undergo sixteen or even eighteen irrigation treatments and the hydro-stress that specialists say is necessary to achieve the kind of wine the vintners hope for. At mid-season, the canopy of leafy vegetation is at its peak of development. With dry weather and no longer even a hint of frost, with sunny days and temperatures that range from 18° to 25° Celsius, the ideal conditions arise for the grapevine to flower. This is an exquisite phenomenon that is not much talked about or promoted and hence almost exclusively reserved for the lucky agricultural engineers and farm-workers who have the privilege of witnessing it. For ten to fifteen days, walking through the rows of Malbec vines is a magical experience in which all five senses are enchanted by the delicate clustered flowers. Before the small green berries emerge, these flowers subtly give off an herbal, sweet aroma. The vines wrap a visitor in a unique pleasure.

With pollination, the flowers set and transform into fruits, small green berries constituted fundamentally by chlorophyll and a certain quantity of acids. A good flowering and an adequate setting of the fruit will determine the future harvest.

Man accompanies these changes of Nature doing his own chores in the vineyard according to the needs of the season. Wires are put up and reinforced, stakes and fences are repaired or re-done, tutors are installed to guide the growth of the young plants.

En la pequeña localidad de Yacochuya, al pie de montañas bajas y a 6 kms de Cafayate en la provincia de Salta (Noroeste argentino) (arriba), las plantas de Malbec traídas por los colonizadores españoles, se aclimataron perfectamente sobre terrenos que superan los 1.800 metros s.n.m. Allí, esta viña octogenaria (izquierda) florece en primavera, preparándose para transformar sus frutos en varios de los mejores Malbec producidos en Argentina. Hoy, esta zona alberga a los viñedos y bodegas más altos del mundo, responsables de la elaboración de vinos de calidad premium y ultra premium.

In the small town of Yacochuya, at the foot of the low-lying mountains (top) and six kilometers from Cafayate in the province of Salta (in northwestern Argentina), the Malbec plants brought by the Spanish colonizers adapted perfectly to the local climate on terrain that is higher that 1800 meters above sea-level. There, this eighty-year-old grapevine (left) flowers in spring, preparing to transform its fruit into several of the best Malbec wines produced in Argentina. Today this zone is home to the world's highest altitude wineries and vineyards, who in turn elaborate premium and ultra premium quality wines.

La viña renace. Las yemas asoman de su descanso invernal. Las hojitas verdes recién abiertas de la planta de Malbec muestran un brillo fresco y transparencias únicas en el año. El hombre acompaña estos cambios de la naturaleza realizando labores en la viña acordes a las necesidades de la temporada. Se instalan y refuerzan alambres, se reparan y renuevan estacas y empalizadas, se colocan tutores que guiarán el desarrollo de las plantas jóvenes.

The vine is reborn. The buds peek out after their winter repose. The tiny just-opened green leaves of the Malbec plant manifest a fresh sheen and transparency that are unique to this time of year. Man accompanies these natural changes, doing the work in the vineyard that corresponds to the needs of that season. Wires are set up and reinforced, stakes and fences are repaired and overhauled, tutors are put in place in order to train the young vines' future development.

Los picos nevados de los Andes sirven de marco a la floración del varietal en toda la zona de Cuyo (Mendoza y San Juan) (arriba). En Salta, esta viña centenaria reverdece en primavera y se prepara para dar los mejores racimos, que crecerán custodiados por expertos ingenieros y enólogos especialistas en vinos Malbec concentrados, de color intenso y sabores a frutos maduros (derecha).

The snowy peaks of the Andes frame the flowering fields of varietal vines throughout the zone of Cuyo (in Mendoza and San Juan provinces) (top). In Salta, this hundred-year-old vine turns green again in spring and prepares to yield the best grape clusters that will ripen under the careful attention of expert agricultural engineers and oenologists who specialize in concentrated Malbec wines, intensely hued and tasting of ripe fruits (right).

Producida la fecundación, las flores cuajan y se transforman en frutos: pequeñas bayas verdes constituidas fundamentalmente por clorofila y una apreciable cantidad de ácidos. El éxito de la futura cosecha depende de una buena floración y del correcto cuajado de los granos. Estos crecerán lentamente hasta adquirir su tamaño final, permaneciendo verdes hasta bien entrado el verano.

Once pollination has taken place, the flowers set and transform into fruit: small green berries constituted primarily of chlorophyll and an appreciable quantity of acids. The success of the future harvest depends on a good flowering and the correct setting of the berries. The fruit will grow slowly before reaching its full size, remaining green until well into the summer.

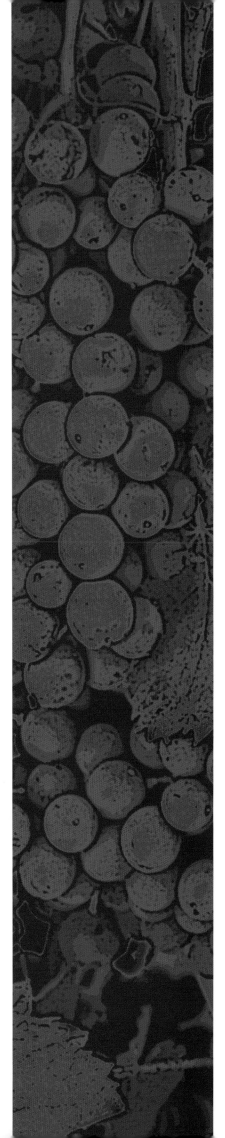

En el Valle de Uco, donde se encuentra Tunuyán, Mendoza, los amaneceres primaverales son únicos. En esta zona, los viñedos remontan el pedemonte que ofrece un paisaje majestuoso de la precordillera y cordillera de Los Andes. Conforme avanza la mañana, las montañas nevadas e imponentes, se transformarán en colosales fantasmas que parecen flotar sobre las interminables plantaciones. Los glaciares escondidos en sus cimas irán cediendo el agua de deshielo al árido y elevado terruño elegido para el Malbec Argentino.

La primavera es sinónimo de renacimiento, de brotes y de floración para la vid. Avanzada la estación -con tiempo seco, soleado, temperaturas de 18° a 25° y sin heladas- la canopia vegetal ya se ha desarrollado a pleno. En Salta, la vegetación regional ofrece al visitante escenarios maravillosos como éste, en el que los grandes algarrobos nativos emergen en medio de añejas viñas de Malbec.

La floración de las vides es un fenómeno poco difundido y casi exclusivamente reservado a los afortunados ingenieros agrónomos y agro-trabajadores que tienen el privilegio de presenciarla. Durante esos 10 a 15 mágicos días de primavera, transitar entre hileras de plantas de Malbec equivale a admirar delicados racimos de flores que pronto serán uvas, y deleitarse con un aroma apenas conocido, que invade los sentidos con sus notas sutilmente herbáceas y dulces.

In the Valle de Uco, where Tunuyán Mendoza is, springtime's dawns are unique. In this zone, the vineyards spread up the base of the mountains and provide a majestic view of the low-lying mountains and the high sierras of the Andean range. As morning advances, the imposing snow-covered mountains will transform into colossal ghosts that seem to float over the endless fields of cultivated vines. The hidden glaciers on their peaks will release water from the thaw and bestow it on the arid, elevated terrain chosen to cultivate Argentine Malbec.

The spring is synonymous with rebirth, new shoots and the flowering of the grapevine. Well into the season – with dry air, sunny conditions, temperatures between 18° and 25° Celsius – the canopy of leaves will have developed to its maximum. In Salta, regional vegetation offers visitors marvelous scenes in which giant native carob trees stand tall in the midst of the aged Malbec vines.

The flowering of the grapevines is a phenomenon that is not widely known, and hence it is almost exclusively reserved for the lucky agricultural engineers and farm-workers who have the privilege of witnessing it. During those ten to fifteen magical days of spring, walking among the rows of planted Malbec vines gives one the chance to admire the blossoms in delicate bunches that will soon become grapes and to delight in the mysterious aroma that invades one's senses with its subtly herbal, sweet tones.

Foto: Orlando Pelichotti

Ana Amitrano.

Vitivinicultora mendocina, Gerente Comercial de Bodegas Familia Zuccardi.

A Mendozan wine-producer, Chief Commercial Officer of Bodegas Familia Zuccardi

DESPIERTA LA PASION Y ES FÁCIL DE CASAR
IT AWAKENS PASSION AND IS EASY TO WED

Desde su implantación en el siglo XIX, y en el proceso histórico que vivió el Malbec descollando como un gran varietal en Argentina, es preciso destacar en primera instancia a los consumidores masivos, "gente común", que han sido nuestros jueces durante más de cien años. Ellos nos mantienen al tanto y los productores elaboramos vinos "pensados" para ponerlos a consideración de sus paladares y de las tendencias que nos van señalando. Por eso, que el cepaje Malbec se haya convertido en emblema de los vinos argentinos no es nada caprichoso.

Un secreto develado es su color rojo intenso que hace pensar, indefectiblemente, en la pasión y ésta es un atractivo irresistible. Por eso estoy segura que la elección de este cepaje tiene que ver con el placer sensorial que provoca. Hoy, la mayoría de la gente -y sobre todos aquellos que están iniciando el camino del vino- no quiere vinos ásperos. Buscan personalidad y a la vez suavidad y los encuentran en el Malbec por sus taninos aterciopelados y su baja astringencia. Es un vino muy amable que nos ofrece la dulzura propia de la variedad en el primer contacto con la boca. Luego la intensidad de la fruta que nos recuerda especialmente a la ciruela.

Después la ciruela pasa y nos llena la boca.

Así como hay variedades que son difíciles de combinar, en el Malbec encontramos la gran virtud de acompañar a todas las carnes y aún a pescados con un buen tenor graso. Es un vino fácil de casar con los sabores mas variados y por eso se ajusta exactamente al paladar (y al orgullo) del consumidor argentino porque este vino único nos hace sentir muy orgullosos cuando salimos al exterior.

En nuestra Bodega descubrimos también la adaptación del Malbec ya que hemos logrado un excelente producto elaborándolo a la manera de un oporto.

From the time it was first planted in the 19th century, and over the course of the historical process that Malbec has gone through to ultimately emerge as a great Argentine varietal wine, it is important to recognize in the first instance the ordinary consumer, the "common folk," who have been our judges for over a century. They keep us informed, and we producers elaborate wines that are "thought about" in specific relation to those consumers´ palates and consideration and the tendencies they signal to us. That is why, the fact that the Malbec variety has become an emblem of Argentine wine overall is not at all a matter of whim or chance.

One secret is its intense red color that, without fail, brings passion to mind, and that is an irresistible attribute. That is why I am sure that choosing this variety of wine grape has everything to do with the sensorial pleasure it provokes. Today, the majority of people – above all those who are making their initial inroads in the appreciation of wine – do not want harsh wines. They are looking for personality and softness at the same time, and they find those qualities in Malbec, with its velvety tannins and its low astringency. It is a very kind, lovable wine that offers us its natural sweetness on first contact with our lips. Later, the intensity of the fruitiness reminds us especially of plums. Then the plum taste comes on through and fills our mouths.

Just as there are wines that are difficult to combine with other tastes, in Malbec we find the great virtue that it accompanies all meats well and even some fish with a good fat content. It is a wine that is easy to wed with the most diverse flavors, and for that reason it adapts itself to the palate (and the pride) of the Argentine consumer – because this unique wine makes us feel very proud when we go abroad.

In our wine cellar we have also come to discover Malbec´s adaptability since we have achieved an excellent product by elaborating it the way we would a port wine.

Irrigación
IRRIGATION

En frente | Facing page

El moderno sistema de riego por goteo es la innovación más relevante de las últimas décadas y se difunde rápidamente entre los productores argentinos. Permite racionalizar el uso del agua (que es escasa), incorporando nuevas zonas aptas para la vitivinicultura. Este novedoso método de irrigación sirve además para neutralizar los efectos de las heladas.

The modern system of drip irrigation is the most relevant innovation of recent decades and has spread rapidly among Argentine wine producers. It allows one to ration the use of water (which is scarce), gaining new acreage for grapevine cultivation. This new method of irrigation is useful in addition because it helps neutralize the effects of frost.

Cuando 450 años atrás los españoles arriban a las zonas andinas argentinas, habitadas por indios Huarpes, se encontraron con plantaciones en tierras áridas, regadas artificialmente con técnicas originarias de los Incas. El riego artificial por canales y acequias que aprovechaban las fallas geológicas, eran una práctica establecida entre los nativos del oeste argentino. Con el tiempo, los colonizadores fueron mejorando los sistemas de riego indígenas, construyendo una intricada red de aguas. Con el propósito de organizar su distribución y evitar conflictos, se legislaron turnos correspondientes según las hectáreas de cada propiedad. Hacia 1603, el Cabildo creó la Alcaldía de Agua como un oficio auxiliar a la justicia capitular. El Alcalde de Aguas llegó a ser un poderoso funcionario que gobernaba sobre la distribución del vital líquido y los problemas que ella acarreaba entre los regantes y propietarios de fincas. En diciembre de 1884, Mendoza se constituyó en la primera provincia argentina en contar con una ley —ampliada por otra de 1888- orgánica e integralmente referida al uso, distribución y administración del agua para riego. A partir de estas disposiciones, el gobierno provincial toma por su cuenta la administración de los recursos hídricos.

Siempre apelando a los ríos de deshielo, se construyeron tomas de agua, diques, canales y acequias para proveer riego suficiente en las áreas que se deseaban cultivar. Los viticultores inmigrantes que se asentaron en los sectores conocidos como de aguas arriba -especialmente Maipú y Luján de Cuyo, terruños privilegiados por su Malbec- ensancharon definitivamente el horizonte agrario, que dio como resultado la formación de un asombroso y vasto oasis

When 450 years ago the Spaniards arrived in the Andean zones of Argentina, at that time inhabited solely by the Huarpe Indians, agrarian cultivation of the arid land was underway with the age-old irrigation techniques originally developed by the Inca's. Irrigation by way of canals and ditches that took advantage of geographic faults was already an established practice for the native inhabitants of the Argentine west. With time, the colonizers improved the indigenous systems of irrigation, constructing a complex network of dikes, canals, and ditches through which the water could flow. Around 1603, the Cabildo or colonial seat of government instituted the Water Tribunal as an auxiliary office of the justice authority. The Water Tribunal eventually came to wield as much power as a governor had, in deciding how to distribute this vital fluid and how to solve the water-related problems between the water distributors and the property owners who at times even had life-and-death conflicts sparked by disputes and theft of water. Always using the water from the thaw, dikes, canals, and ditches were constructed to capture the water and provide sufficient irrigation to the areas landowners sought to cultivate. The distribution of water was the source of constant strife, and for this reason it became necessary to

en medio del desierto en el norte de la provincia. La Cordillera de los Andes influencia de manera decisiva el clima de buena parte del territorio argentino. El cordón montañoso determina que las masas de aire húmedo provenientes del Océano Pacífico descarguen su humedad sobre territorio chileno, y que, al llegar al oeste argentino, el aire resulte seco y caliente, como es el caso del viento Zonda, de la zona cuyana. Las precipitaciones invernales sobre la Cordillera resultan importantes para la reserva de agua de riego. En general, el clima de la zona vitícola es continental, semidesértico con estación invernal seca, templado o templado frío. Las precipitaciones en el período estival varían entre 100 y 300 mm anuales, llegando en algunos lugares a los 400 mm al año. La humedad relativa es baja y las precipitaciones son escasas. Estos factores constituyen una condición excepcional para la calidad y el estado sanitario de las uvas. La reducida manifestación de enfermedades típicas del cultivo permite utilizar un sistema de control integrado de plagas y, a la vez, elaborar vinos orgánicos. En general, la necesidad de irrigación oscila entre 7.000 y 11.000 m3 de agua por hectárea por año. El agua, proveniente de los deshielos de montaña, forma ríos de régimen irregular que conviene controlar. Las crecidas estivales son captadas y almacenadas por medio de embalses y otras obras hidráulicas. Esta conducción hídrica por canales y acequias, sirve para crear un servicio de irrigación artificial que facilita la provisión del líquido al viñedo, en volúmenes adecuados a su extensión y en las épocas más apropiadas. Se utilizan diferentes sistemas para la distribución de las aguas: por surco, a manto o inundación y por goteo.

legislate a regimen of rotation for receiving water, according to the number of hectares involved. In December of 1884, Mendoza became the first province in Argentina to have a law organically and integrally pertinent to the use, distribution and administration of water for irrigation purposes. Expanded on with later legislation, in 1888 a decree established the General Water Law, which also created the General Water Bureau (the historical basis of today's General Irrigation Bureau). It was only as of these legal changes that the government took charge of administrating water resources itself. The immigrant winegrowers that began settling the sectors known as those with "water from on high" – especially Maipu and Lujan de Cuyo, lands that are privileged because of the Malbec they produce – definitively expand the agrarian horizon, an occurrence that would result in the formation of the surprising and vast oasis in the middle of the desert to the province's northern area. At any rate, the capture and anthropologically distribution of water in Mendoza, for example, continues to amaze us as it has for five centuries, with ancient systems just as those that can be found in indigenous archeological sites.

The Andes mountain range has a decisive influence on the climate in a large part of Argentina's territory. This mountain chain is responsible for the fact that the masses of moist air coming off the Pacific Ocean will release their humidity over Chilean territory, and, having reached Argentina's western frontier, the air is dry and hot, as in the case of the Zonda winds, in the Cuyo zone. Winter rainfall over the Andes is important for the reserve of water that will be used for irrigation. In general, the climate in the wine-growing region is continental, semi-desert-like with a dry winter season of moderate or moderate-to-cold temperatures. Rainfall in the summer varies from 100 to 300 mm per year, in some places reaching up to 400 mm annually. Relative humidity is low, and precipitation is infrequent. These factors make for an exceptionally positive environment for the quality and plant health condition of grapes. Diseases typical in this type of plant are reduced and hardly manifest here, which allows wine-producers to use an integrated system of pest control and, at the same time, to produce organic wines. In general, irrigation needs oscillate between 7,000 and 11,000 cubic meters of water per hectare per year. The water, descending from the mountains as the snow and ice thaw, forms irregular-flowing rivers that one should control. Dams and other waterworks are used to capture and store this summertime abundance. This water management system, via canals and ditches, has made it possible to create an irrigation system that can assure a vineyard receives water in adequate volumes and at the appropriate times of the year. Diverse systems are used for water distribution: by using the tilled rows, blanketing or flooding, and by drip irrigation.

En el mes de diciembre las temperaturas medias comienzan a elevarse. Las exigencias de riego aumentan debido a la gran evaporación del agua en surcos y plantas. Por eso, en determinadas áreas, se debe regar por la técnica de manto, inundando los surcos de manera de asegurar la llegada de la humedad a toda la raíz de las plantas.

"Una viña camina con un mínimo de 7 mil m3 de agua por hectárea por año. Para lograrlo se hacen aproximadamente 18 riegos sucesivos, espaciados de acuerdo al criterio del agrónomo a cargo del viñedo. El agua tiene que cubrir toda la superficie con un manto de 5 a 10 cm para que llegue a penetrar los 50-70 cm de profundidad hasta donde llegan las raíces de la planta. Este riego tradicional se hace en el camellón o en la hilera. En Mendoza es vitalísimo y ha ido variando porque nosotros tenemos un plano inclinado de Oeste a Este. Por eso, para facilitar el regadío la viña se planta de Norte a Sur" (ing. agr. Alberto Alcalde)

Cuando los racimos entran en plenitud, demandan mayor cantidad de agua. Sin embargo, a medida que avanza la temporada estival, la irrigación sufrirá una restricción progresiva para evitar enfermedades u hongos y facilitar la concentración de azúcares y compuestos fenólicos (antocianos). Los granos permanecen verdes sin dejar de crecer hasta llegar al envero, momento crucial de su vida en el que pierden su dureza, ablandan sus tejidos y cambian de color. En el caso del Malbec adquieren una tonalidad que llega hasta el violeta profundo, casi negro. El enriquecimiento de azúcares y la progresiva disminución de la cantidad de ácidos orgánicos contenidos en las uvas conducirán a la maduración definitiva.

El verano es un período exigente de labores en la viña. Los brotes adquieren longitudes variables convirtiéndose en pámpanos, vigorosas ramas de vid con entrenudos y hojas. Cuando crecen excesivamente, se los recorta, tarea que se conoce como despampanado. Si es necesario, también se realearán los racimos hasta en un 70%. Esta acción se llama ajuste de carga en las vides y sirve para lograr una mejor calidad de granos vínicos, sacrificando una cierta cantidad de quintales por hectárea. El deshoje, o supresión parcial de hojas en la viña, es una labor delicada a la que se recurre solamente en años con problemas sanitarios.

Cuando el estío termina, las viñas están listas para realizar su ofrenda anual. El ciclo se completa; la naturaleza y el hombre han trabajado juntos durante doce meses con un mismo objetivo. Los viticultores se preparan para iniciar la vendimia.

Verano
SUMMER

In the month of December the average temperature begins to rise. Irrigation needs increase as great amounts of water evaporate from the tilled rows and from the plants themselves. That is why, in certain areas, one must irrigate with the blanketing technique, actually flooding the fields in order to assure that moisture will reach the full length of the plants' roots. "A grapevine advances at a minimum of 7000 m3 of water per hectare per year. To achieve this, approximately 18 sessions of irrigation are performed successively, spaced out according to the criteria of the agricultural engineer in charge of the vineyard. Five to ten centimeters of water must blanket the entire surface in order for it to penetrate the 50-70 centimeters of depth and to reach the plants' roots. This traditional irrigation is done via the ridge of the furrow or in the rows themselves. In Mendoza it is absolutely vital and has gone through variations because we have an inclination from West to East. That is why, in order to facilitate the irrigation of the vines, we plant with a North-to-South orientation." (Agricultural engineer Alberto Alcalde) When the clusters ripen, they require still greater quantities of water. However, as the summer season advances, irrigation is carried out with progressive restriction so as to avoid disease or fungi, and also to facilitate the concentration of sugars and phenolic compounds (anthocyanins). The berries remain green although they continue to grow, until they reach the ripening point, crucial in their growth cycle when they lose their hard consistency, their tissues soften, and they change color. In the case of Malbec grapes, the fruit acquires tones that can be as dark as deep purple or almost black. The enhancement of sugars and the progressive reduction of organic acids contained in the grapes will lead to definitive ripening. Summer is a demanding period of chores and work on the vineyard. The herbaceous shoots acquire variable lengths and turn into vine tendrils, vigorous shoots with internodes and leaves. When these grow to excess, the clusters will also be thinned, up to 70%. On the vineyards this is called load adjustment and is useful for optimizing better quality wine berries, at the cost of a certain number of bushels per hectare. De-leafing or the partial removal of leaves on a vine is a delicate task that is only undertaken in years when there are plant health problems.

When summer ends, the grapevines are ready to offer up their annual yield. The cycle is complete; nature and man have worked together during twelve months, sharing the same goal. The vintners get ready for the grape harvest.

El verano es un período exigente en los trabajos culturales (el laboreo) de la viña. Los brotes adquieren longitudes variables convirtiéndose en vigorosas ramas de vid con entrenudos y hojas, llamados pámpanos. Cuando crecen excesivamente, se los recorta. Esta tarea se conoce como despampanado (arriba). Los racimos de Malbec son cónicos, llenos, de tamaño mediano, con granos muy sueltos o concisos. Sus frutos esféricos, pequeños y negros, tienen la piel gruesa y son de color pleno, con fuertes taninos y sabores bien destacados.(En frente)

Summer is a very demanding period for the wine grower's work in the vineyard. The vine sprouts acquire variable lengths and become vigorous vine shoots with internodes and leaves, called vine tendrils. When they grow to excess, they are cut back (top). The clusters of Malbec grapes are conical, full, medium-sized, with very loose or tightly grouped berries. Their spherical fruits, small and black, have thick skin and a full-tone color, strong tannins and markedly identifiable flavors.(Facing page)

Durante el envero, momento en el que los granos se ablandan y se produce el cambio de coloración, las uvas Malbec se tiñen del violeta profundo, casi negro, que le dará su característica al vino. Los ácidos orgánicos disminuyen y los frutos se tornan cada vez más dulces hasta llegar a su maduración definitiva. Cuando el estío termina, las viñas están listas para realizar su ofrenda anual. El ciclo se completa, la naturaleza y el hombre han trabajado juntos durante doce meses con un mismo objetivo. Los viticultores se preparan, se inicia la vendimia.

During the ripening phase, when the berries soften and change color, Malbec grapes continue to turn to a dark, reaching an almost black, purple color. This is a trait that the fruit will pass on to the varietal wine. The organic acids diminish and the fruit becomes sweeter, more and more so until it reaches full ripeness. When summer ends, the vines are ready to yield their annual offering. The cycle is complete; nature and man have worked together for twelve months, sharing the same goal. Vintners prepare. Harvesting begins.

La amenaza del granizo
THE THREAT OF HAIL

In the province of Mendoza, hail damages the crop, breaking leaves and making flowers and small berries fall off the vines. When the hail stones are relatively large, they can even damage branches and berries. Anti-hail netting made of synthetic cloth that cover the vines without affecting their growth, has proven very efficacious and has thankfully become part of the Cuyo landscape.

En la provincia de Mendoza, el granizo daña los cultivos, rompiendo hojas y provocando la caída de flores o bayas pequeñas. Cuando las piedras son relativamente grandes, llegan a producir heridas en sarmientos y granos. Las mallas antigranizo, consistentes en telas sintéticas que cubren los cultivos sin afectar su crecimiento, han probado ser muy efectivas, y se han incorporado amablemente al paisaje cuyano.

Con las terrosas y recortadas bardas de fondo, tan características de la zona, estas viñas del Valle del Río Negro, cargadas de uvas patagónicas de Malbec, esperan la terminación del verano para ofrecer su apreciada cosecha.

With dusty, trimmed sierras in the background, so distinctive in this region, these grapevines of the Valle del Río Negro, heavily laden with Patagonian Malbec grapes, wait the end of summer to yield their treasured harvest.

Si los frutos crecen muy encimados se realizan raleos con el fin de lograr un ajuste de carga, es decir, la remoción del excedente de racimos. El deshoje, o supresión parcial de hojas en la viña, es una labor delicada a la que se recurre sólo en años con problemas sanitarios. Las hojas adultas son medianas, enteras y trilobadas; de un verde oscuro, poco lustrosas, con dientes agudos y medianos.

If the fruit is growing very close together, trimming is done to achieve a load adjustment that does away with excess clusters. De-leafing or partial removal of leaves on the vine is a delicate task which is only carried out in years when there are plant health problems. The fully mature leaves are medium-sized, full and three-lobed, dark green in color, with sharp, medium-sized teeth.

Arnaldo Etchart. Bodeguero.

Bodeguero y salteño, amante del vino y del arte. Fundador de la "Cofradía de los Vinos de Altura". Su bodega y sus viñedos están ubicados a 2.000 metros sobre el nivel del mar en la pequeña localidad de San Pedro de Yacochuya, Salta.

Wine-maker and native of the province of Salta in Argentina, lover of wine and art. Founder of the "High Altitude Vineyards Association." His wine cellar and vineyards are located some 2000 meters above sea-level, in the small area of San Pedro de Yacochuya, in Salta.

ACERCA DEL VINO,

CONCERNING WINE,

EL ARTE Y LA CULTURA

ART AND CULTURE

Cuando Carlos Goldin me pidió estas líneas, luego de largas conversaciones y libaciones, teniendo como eje el Arte, el Vino y la Cultura, estuve seguro de que debía hacerlo despojándome de toda solemnidad e hipocresía y luchando contra el sopor de toda vulgaridad enmascarada de distinción, pues es menester destruir lo solemne.

Siento la tentación y la pretensión de despertar en mis colegas, el amor y la curiosidad por lo bello y lo culto a través del vino. Con respecto a la Cultura, continúa siendo ante todo, el alimento principal del alma humana.

Debemos hacer nuestra la afirmación del eminente enólogo bordelés Michel Rolland. Afirma: "el vino debe ser hecho para el placer", a lo que yo agrego que el mismo debe ser siempre un hecho estético, es decir, una obra de arte. Y, como de eso se trata, vaya pues este soneto de Jaime Dávalos, poeta salteño, que habla del Vino:

Como un toro frutal, el mosto herido
Se revuelca en las cubas resollando;
Y entre canciones sórdidas, va ahogando
En soledad su cálido balido

Toda su sangre le dará al olvido
Que se come los ojos en el llanto,
Y por bagualas, libre ya en el canto,
Arderá su color amanecido

Entre esa luz, ultra floral morada,
A la sombra carnal enamorada
Que lo íntimo visita la madera

Terrestre habita el vino y su locura,
Que en los huesos detiene su dulzura
Y el sueño vivo de la primavera.

Dado que estas líneas no pueden ni deben excederse en extensión, conviene decir que no son una mera exposición ni crítica, inclusive, que deben convertirse en una cálida invitación a la búsqueda permanente del "arte, el amor y la belleza", en la muy ajustada expresión de Rabelais, el gran poeta francés del vino, que ningún bodeguero debería ignorar. Seguro no será suficiente este viaje a la cultura para que el recuerdo de esta silenciosa epopeya perdure veinte siglos, como la de los romanos y griegos, pero al menos servirá para vivir nuestro presente un poco mejor y dejar el fango definitivamente atrás.

Alégrense, bodegueros y celebrantes del vino, de encontrarse lejos de la vendimia de la ignorancia y la corrupción de la cultura. Busquen afanosamente la belleza, la cultura, la dignidad y originalidad de los grandes vinos. Busquen en el vino los colores de la obra de arte y la pasión de Goldin por el vino.

Busquen en el vino también los colores de las paletas de Van Gogh, Renoir, Monet, Gauguín, Degas, Manet, Sisley; en definitiva, busquen los colores de los impresionistas y los vinos que obtengan serán verdaderamente luminosos.

When Carlos Goldin asked me to write these lines, after long leisurely moments of conversation and libation that revolved around the topics of Art and Wine and Culture, I was immediately certain that I would seek to compose my words at the greatest remove possible from solemnity and its hypocrisy. I felt I should struggle against the stupor produced by such commonality that masquerades as distinction because, indeed, it is my firm belief that we must do away with all that is solemn.

I feel both the temptation and the desire to awaken in my colleagues a love and curiosity for what is beautiful and cultured, which wine can offer us access to. And with respect to Culture, it — more than anything else in life — continues to be the human soul's primary nutrition and nurturance.

That affirmation made by the eminent oenologist from Bordeaux, Michel Rolland, we must make our own. He states: "Wine must be made for the sake of pleasure." To that I add that it must also always be an aesthetic act, that is to say, a work of art. To wit, since we are on the topic of art, I shall present this sonnet by Jaime Dávalos, a poet from Salta province in Argentina, as in it he speaks of Wine:

Like a bull of fruits, the wounded juice
Twists and turns sobbing in its tubs;
Betwixt sordid songs, there drowns
In solitude its once warm bleating

All its blood it will surrender to oblivion
Which consumes its eyes in weeping,
Through lyrical folksongs, free in melody,
Will burn its dawning color.

Let light now penetrate, ultra floral purple hue,
That carnal shadow, enthralled in love
So what is intimate may visit with the wood

Earthy, it lives inside the wine and its madness
That in our bones delays its sweetness
And the living dream of spring.

Given that these lines must not exceed a certain measure, I should say that this text is neither an explication nor a critique, but rather indeed I intend that it be taken as a warm invitation to carry on the on-going search for "art, love, and beauty" as Rabelais so succinctly put it, that great French poet of wine, who should be honored by all wine-makers. To be sure, this small excursion into the realm of culture will not suffice in assuring twenty centuries of remembrance for this silence praise, as have enjoyed the Romans and Greeks. But at least let it serve to live our present moments somewhat better and leave the muddiness definitively behind.

Rejoice, wine-makers and celebrators of wine! Rejoice to find that you are at a distance from the harvest of ignorance and the corruption of culture. Zealously seek out the beauty, culture, dignity, and originality embodied in great wines. In wine, look for the colors of the work of art and the passion that Goldin feels for wine.

In wine too look for the colors of the palettes of Van Gogh, Renoir, Monet, Gauguin, Degas, Manet, Sisley; indeed look for the colors of the Impressionists and your wines will be truly luminous.

LOS ENÓLOGOS, JUNTO CON LOS INGENIEROS AGRÓNO-
MOS VERIFICAN AL TACTO, DEGUSTANDO LAS BAYAS Y OBSER-
VANDO EL COLOR DE LA SEMILLAS Y DE LA PULPA PARA DETER-
MINAR SI LOS FRUTOS HAN ALCANZADO EL PUNTO EXACTO
DE MADURACIÓN. CUANDO, PRESIONADOS POR HÁBILES DE-
DOS, LOS GRANOS SEGREGAN PRIMERO UN JUGO DULCE Y
LUEGO DEJAN SALIR UNA PULPA BLANDA, ENTERA Y CASI
TRANSPARENTE, JUNTO CON PEPITAS DE COLOR MARRÓN BRI-
LLANTE, LOS EXPERTOS SABEN QUE EL GRAN MOMENTO HA
LLEGADO Y COMIENZA LA COSECHA.

Vendimia
The grape harvest

WINE EXPERTS TOGETHER WITH AGRICULTURAL ENGINEERS EX-
AMINE THE GRAPE BERRIES, TOUCHING AND TASTING THEM
TO SEE IF THE FRUIT HAS REACHED THE EXACT RIGHT POINT OF
RIPENESS. WHEN THE FRUIT, PRESSED BY SKILLED FINGERS, RE-
LEASES A SWEET JUICE AND THEN A SOFT PULP EMERGES — IN-
TACT, ALMOST TRANSPARENT, CONTAINING THE GRAPE'S
SHINY BROWN SEEDS — THE EXPERTS KNOW THAT THE GREAT
MOMENT HAS ARRIVED, AND THE HARVEST BEGINS.

La Cosecha
THE HARVEST

La Vendimia, el acto de cosechar uvas, es la alianza del hombre con su tierra y la emoción de obtener sus frutos. Es una actividad de similares características en todas las regiones vitivinícolas del mundo. Ligada a antiguas tradiciones y a una sabiduría casi mística, se ha conservado indemne durante siglos. Para el viticultor es el símbolo del trabajo culminado, el premio al esfuerzo de doce meses de dura labor e incertidumbres. Un regalo que cobra nueva vida en el cuerpo y el espíritu de un buen vino. Es una etapa emocional donde los productores y los vendimiadores trabajan en un especial estado de concentración y cuidado.

Hasta terminar el siglo XIX, la cosecha se hacía con el personal que trabajaba todo el año en la finca. La viticultura moderna creó la necesidad de convocar trabajadores temporarios -cosecheros- que se trasladan de finca en finca ofreciendo su mano de obra. Durante los meses de marzo y abril, los viñedos de Malbec de Argentina son invadidos por un ejército de hombres y mujeres, muchas veces acompañados por sus niños. Cada año, una población, proveniente de diversas regiones del país -trabajadores golondrina- se acerca a las viñas dispuestos al esfuerzo de prolongadas jornadas de recolección. Esta minuciosa actividad exige gran resistencia física, habilidad y concentración. Al aire libre y bajo un sol ardiente, hombres y mujeres emprenden la esforzada tarea en un estado de alegre hiperactividad porque su ganancia depende de la cantidad de uva que cada uno coseche por día. El buen tiempo se aprovecha al máximo para evitar el deterioro de las uvas. Las maneras y tiempos de cosecha varían según las características de cada región con sus diferencias de clima, de varietales y de tecnologías. Los antiguos tachos metálicos, por ejemplo, todavía se permiten usar para la recolección de uva de mesa. En los cultivares finos, fueron reemplazados por recipientes de materiales más livianos, flexibles e inertes.

(Continúa en página 109)

The Grape Harvest is the union of man and land that is his, in all the emotion of receiving its fruits. As an activity, its traits are similar in every wine-growing region of the world. Linked to ancient traditions and almost mystical wisdom, it has been preserved unchanged for centuries. For the wine-maker, it symbolizes the culmination of his work, the reward for twelve months of hard work amidst uncertainty. A gift that takes on new life in the body and the spirit of a good wine. It is an emotional time when the wine-growers and the harvesters work in a special state of concentration and care. Until the end of the 19th century, the harvest was carried out with those who worked year-round on the land. Modern wine production has generated a need for temporary, transient workers – harvesters – who go from farm to farm offering to work seasonally. During the months of March and April, the Malbec vineyards of Argentina are invaded by a veritable army of men and women, often with their children in tow. Each year, an entire population, originating in diverse regions of the nation, travels to the wine country, ready for the concerted effort involved in long days of picking. This thorough, detail-oriented task demands great physical resistance, dexterity and concentration. In the open air and under a scorching sun, men and women take on the strenuous labor in a state of cheerful hyperactivity because their earnings depend on the amount of grapes each one of them can harvest per day. When the weather is good, it is taken advantage of to the full, so the grapes suffer the least deterioration possible.

A harvest's times and methods vary from region to region, given each area's characteristic differences, specifically regarding climate, type of varietal grape, and applied technology.

The old metal boxes, for example, are still permitted for harvesting table grapes. For finer varietals, they have been replaced by containers made of lighter, more flexible materials.

(Continued on page 109)

La uva Malbec destinada a elaborar vinos de alta gama, se cosecha en cajones plásticos cuya capacidad no supera los 20 kilogramos de fruto. Allí, los granos maduros permanecen casi intactos, contenidos por un material neutro que no contamina el escaso jugo que secretan durante el acarreo. El producto de la cosecha del día se vuelca en contenedores, conocidos en nuestro país como "bines", grandes cajones plásticos que admiten hasta 300 kilos de uva cada uno. Colocados sobre un camión, se transportan a la bodega de inmediato, para evitar que el intenso calor provoque la reproducción de bacterias y levaduras que den comienzo a una indeseada fermentación prematura.

La necesidad de controlar y cuantificar la tarea realizada por cada empleado llevó a la creación de un simple pero eficaz método de conteo: la ficha de cosecha. Una caja completa equivale a una ficha. Éstas cotizan su valor de acuerdo a la realidad económica de la vendimia en curso. Al final del día, las piezas acumuladas se atesoran como un trofeo. Su recuento demanda atención; los más resistentes y habilidosos superan las ochenta. A través de los años, se han acuñado fichas de diversos materiales y formas. Las hay de cartón, cobre, bronce, aluminio, plástico o latón y han adoptado formas circulares, cuadradas, rectangulares, poligonales, ovaladas; algunas caladas, otras laminadas.

La voluntad de trabajo del cosechador se une a la de ingenieros, campesinos, enólogos, técnicos y operarios de bodega como un símbolo de pujanza orientada mancomunadamente hacia un objetivo: obtener el mejor Malbec del mundo.

Colocada en sus contenedores durante la vendimia, la uva Malbec forma montañas de racimos recién cosechados. (En frente)

Piled in their containers during the harvest, these just-picked clusters of Malbec grapes form a veritable mountain of fruit. (Facing page)

The Malbec grapes meant for use in the production of top quality wines are harvested in plastic boxes that hold no more than 20 kilograms of grapes. There, the ripe fruit remains almost always intact, contained in an environment of neutral materials that does not contaminate the tiny amount of juice that leaks out of them during transportation. The yield of the day's harvest is transferred to containers known in Argentina as "bins," large plastic receptacles that can each hold as many as 300 kilos of grapes. Set on a truck, they are whisked off to the winery immediately to keep the intense heat from prompting the reproduction of bacteria and yeasts which could provoke an unwanted early fermentation. The need to control and quantify each employee's work led to the creation of a simple but effective accounting method: the harvest token. Each full box is worth one token. The tokens' value is determined by the economic reality of what the current harvest is worth. At day's end, the amount of pieces one has accumulated is a cherished trophy. Tallying them takes close attention; the strongest and most skillful harvesters might have accumulated over eighty. Over the years, tokens have been minted in diverse shapes and out of diverse materials. Some are cardboard, copper, bronze, aluminum, plastic, or tin. They've been circular, square, rectangular, polygonal, or oval. Some with etching; others laminated.

The hardworking spirit of the harvester joins that of the agricultural engineers, the peasants, the wine experts, the technicians and machine operators in the winery as a symbol of strength combined and directed to a single shared goal: achieving the best Malbec in the world.

Los antiguos tachos metálicos se utilizan sólo para recolectar uva de mesa o vino común (arriba). Menos pesadas e inertes, las cajas plásticas garantizan que los cultivares como el Malbec, conserven las virtudes que los convertirán en vinos de altísima calidad internacional (En frente). Al aire libre y bajo un sol ardiente, hombres y mujeres emprenden la esforzada tarea de la vendimia. El contacto con la naturaleza y la competencia por ver quien cosecha más kilos por día, los mantiene en un estado de excitación alegre.

The old metal boxes are used only for gathering grapes for ordinary table wine. (Top) Lighter and less stiff, the plastic boxes guarantee that special varietals such as the Malbec grapes will be able to retain those virtues that make them the base for wines that rank internationally at the highest qualities. (Facing page) In the open air and under the scorching sun, men and women take on the strenuous labor of the harvest. Being in contact with the natural environment plus the competition that gets going among them to see who can harvest more kilos per day, creates a mood of happiness and excitation.

El producto de la cosecha del día se vuelca en contenedores plásticos, conocidos en nuestro país como "bines", que admiten hasta 300 kilos de uva cada uno (En frente). Las cajas pequeñas se apilan sobre un camión y se transportan a la bodega de inmediato (izquierda abajo) procurando evitar que el intenso calor provoque la reproducción de bacterias y levaduras, que iniciaría una indeseable fermentación. Los recipientes metálicos son resabios de costumbres vitivinícolas perimidas (izq. medio) que no pueden resistir al cambio por otros de plástico más livianos e higiénicos (arriba).

The day's harvest yield is transferred to plastic containers, known in Argentina as "bins," which hold a maximum of 300 kilos of grapes each. (Facing page) The small boxes are piled up on a truck and taken right away to the winery (botton left) so as to prevent crushing and the intense heat from prompting the reproduction of bacteria and yeasts that would start an unwanted fermentation. The metal receptacles are the relics of obsolete wine-growing customs (center left) and cannot stave off being replaced by lighter, more hygienic plastic ones (top).

Cada caja completa equivale a una ficha. La ficha cotiza su valor de acuerdo a la realidad económica de la vendimia en curso. Al final del día, las piezas acumuladas se atesoran como un trofeo. Su recuento demanda atención; los más resistentes y habilidosos superan las ochenta.

Each full box is worth one token. The token's value is calculated according to the economic reality of the harvest underway. At the end of the day, the amount one has accumulated is like a cherished trophy. Counting them up requires precise attention; the strongest and most skillful harvesters bring in over eighty.

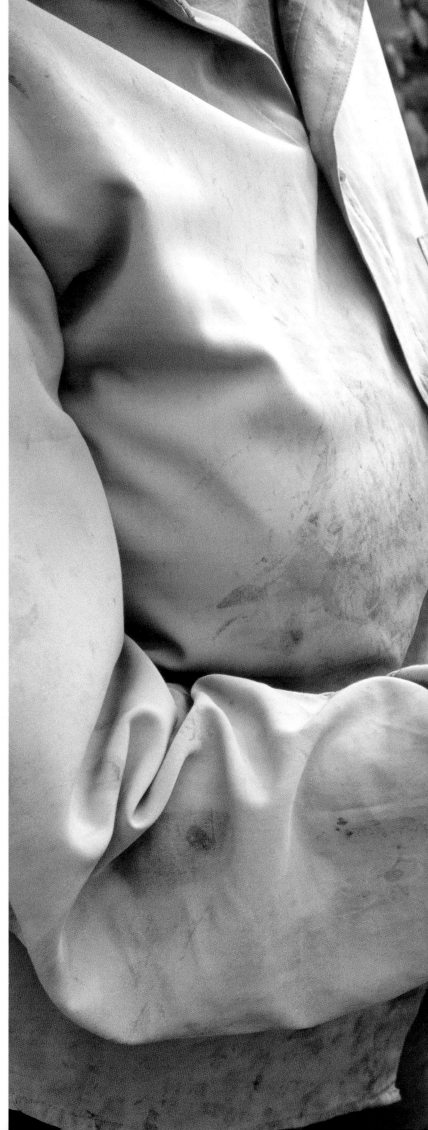

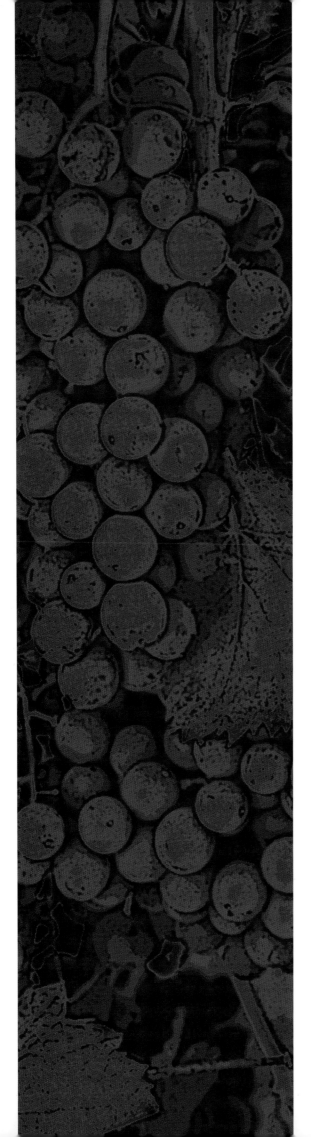

La vendimia es el sentir del hombre por su tierra y la emoción de obtener sus frutos. Cada otoño trabajadores golondrina provenientes de diversas regiones del país, se acercan a las viñas de Malbec dispuestos al esfuerzo de prolongadas jornadas de recolección. Un ejército de hombres y mujeres realiza un minucioso trabajo que exige gran resistencia física, habilidad y concentración.

The harvest symbolizes what man feels for his land and the emotion of reaping its fruits. Each autumn, seasonal workers originally from any number of diverse other regions around the country make their way to the Malbec vineyards, ready to take on the challenge of long days of picking. An army of men and women carry out this thorough task that demands great physical stamina, skill and concentration.

Para el viticultor, la cosecha es el símbolo del trabajo culminado, el premio al esfuerzo de un año. Un regalo que cobra vida en el cuerpo y el espíritu de un buen vino. La uva Malbec destinada a elaborar vinos de alta gama, se cosecha hoy en cajones plásticos cuya capacidad no supera los 25 kilogramos de fruto. Los granos maduros permanecen casi intactos, gracias al material neutro de los cajones, que no contamina el escaso jugo que secretan durante el acarreo.

For the vintner, the harvest symbolizes his work's culmination, the reward for a year's efforts. A gift that acquires a life of its own in the body and spirit of a good wine. The Malbec grape that is meant for the elaboration of high quality wines is harvested today in plastic boxes that hold no more than 25 kilos of grapes. The ripe fruit can be kept almost entirely intact, thanks to the neutral material these crates are made of, that does not contaminate the tiny amount of juice that leaks out during transportation.

Michel Rolland.

Enólogo francés, titular de varios Chateaux en la zona de Pomerol, Francia. Asesor de numerosas bodegas argentinas y socio inversor en varios emprendimientos vinícolas de nuestro país. Instaló un moderno laboratorio en Mendoza que da servicios a la industria vitivinícola

French winemaker. Owner of various wine Chateaux in the French Pomerol region. Adviser of numerous Argentine wine cellars and currently involved as investor in several wine companies of our country. He established a state of the art laboratory in Mendoza to serve the wine industry

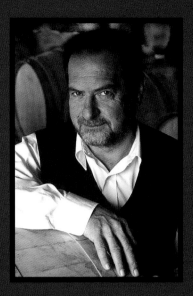

El Malbec es emblemático en la Argentina
Malbec is an emblematic variety in Argentina

Muchas variedades de cepas nacieron en Francia: el Pinot Noir en Bourgogne, el Syrah en Cote Rotie, el Cabernet Sauvignon en Bordeaux, etc....y el Malbec, en el centro de Francia, más precisamente en Lot, Cahors, donde se cultiva desde hace muchos años, incluso siglos. Si bien esta región no se destacaba por sus vinos de calidad en el pasado, hoy en día, hallamos en Cahors vinos de alta gama, elaborados con todas las técnicas disponibles en la actualidad.

El Malbec, desatendido en Bordeaux, ama los climas secos. Por ello, se lo cultivó en el centro de Francia, donde la influencia oceánica es más suave. Bien conducida, esta cepa es capaz de dar grandes vinos; sólo hay que controlar muy bien su producción y la cantidad de agua de que dispone. El Malbec es emblemático en la Argentina, porque los primeros viticultores fueron visionarios y comprendieron su buen comportamiento en ese clima. Es verdaderamente una gran cepa, porque da expresiones diferentes en función de los terruños (sol y altitud) en que se cultiva.

La Argentina está produciendo algunos Malbec de muy buena calidad, y ello es apenas el comienzo, porque el potencial es muy grande. No obstante, otras regiones del mundo podrían ser adecuadas para la producción de buenas uvas de Malbec: será una sana competencia para el futuro.

A great many varieties of grapevine stock were born in France: the pinot noir in Burgundy, the syrah in Cote Rotie, the cabernet sauvignon in Bordeaux, etcetera... and Malbec in the center of France, more precisely in Lot, Cahors, where it has been cultivated for a great number of years, even for centuries. Even though this region has not stood out as a source of quality wine production in the past, it is now possible to find high ranking wines emerging from Cahors, elaborated as they are with all the specialized techniques available today.

Malbec, a variety largely ignored in Bordeaux, loves dry climates. That is why it was cultivated in the center of France, where the ocean's influence is less pronounced. When well tended, this grapevine stock can produce great wines; it is only necessary to control its growth and the amount of water it receives. Malbec is an emblematic variety in Argentina because the first wine growers were visionaries and understood that it would perform well in that climate. It is a truly great grapevine stock because it can provide diverse expressions of the soil conditions it grows in (sun and altitude included).

Argentina is producing several very high quality Malbec wines, and this phenomenon is only just beginning and shows enormous potential. Even so, one must also add that there could be other regions in the world that can produce good Malbec grapes, which would amount to healthy future competition as well.

CUANDO LLEGA EL CAMIÓN A LA BODEGA, SE LO
ESTACIONA SOBRE UNA BALANZA PARA DETERMINAR EL
PESO BRUTO Y DE INMEDIATO SE DESCARGA LA UVA
PARA MOLERLA. EN LA BODEGA SALENTEIN,
DE TUNUYÁN, MENDOZA, SE UTILIZAN MODERNOS
SISTEMAS MECÁNICOS PARA VOLCAR LOS FRUTOS
EN UN GRAN LAGAR DE ACERO INOXIDABLE.

Producción
Production

WHEN THE TRUCK REACHES THE WINERY, IT IS PARKED ON
A SCALE TO MEASURE ITS TOTAL WEIGHT, AND THEN THE
GRAPES ARE IMMEDIATELY UNLOADED TO BE CRUSHED.
AT THE SALENTEIN WINERY, IN TUNUYAN, MENDOZA,
MODERN MECHANIZED SYSTEMS ARE USED TO TRANSFER
THE GRAPES INTO A LARGE STAINLESS STEEL WINE PRESS.

La Elaboración

ELABORATION

Transportados en camiones desde el campo a la bodega, los frutos maduros se dirigen a cumplir su principal misión: convertir sus jugos, azúcares, taninos y aromas en grandes vinos Malbec.

De acuerdo a la metodología de trabajo de la bodega de destino, las uvas pueden viajar en las mismas cajas utilizadas por los vendimiadores o en los bines de 300 kg de capacidad. Las primeras se adaptan mejor para establecimientos que cuentan con lagares pequeños, su vaciado se realiza a mano. Dado su gran tamaño y peso, los bines deben ser accionados mecánicamente y el volcado de su contenido requiere lagares de grandes dimensiones.

La uva que ingresa debe reunir ciertas condiciones de calidad. Colocada sobre mesadas o cintas transportadoras, se controla –manualmente- el estado y limpieza de la fruta. Se separan hojas y granos en mal estado para evitar la presencia de sabores herbáceos o contaminantes que afecten el producto final.El proceso de separación de los granos de la parte leñosa de los racimos –escobajo- se denomina despalillado y es el paso previo a la molienda. Al pie de las moledoras, los enólogos controlan el tenor de azúcar que trae la uva recién cosechada. Un moderno instrumento óptico, el refractómetro, permite determinar el grado alcohólico que tendrá el vino que generan esas uvas. Una gota de jugo vista al trasluz con este implemento brinda una lectura en escala de grados Brix. Mediante una tabla de equivalencias, la graduación en Brix indica la cantidad de gramos de azúcar que contiene la uva. Por ejemplo, 22º Brix, equivalen a 218 gr. de azúcar, lo que es igual a 12,45º de alcohol en la fermentación.

Taken in trucks from the fields to the winery, the ripe fruits are now directed to the fulfillment of their principal mission: converting its juice, sugars, tannins, and aromas into great Malbec wines. According to each winery´s work methods, the grapes might travel in the same containers used by the grape harvesters or in the 300-kilogram bins. The former are better adapted to establishments with small wine presses, and they are emptied by hand. Given their imposing size and weight, the bins must be moved by machines and transferring their contents requires wine presses of correspondingly large dimensions. The grapes must meet certain prerequisites of quality. Set out on countertops or on moving belts, the condition and cleanliness of the fruit are examined – manually. Leaves and fruit in poor condition are discarded to keep out herbaceous flavors or contaminants that might affect the final product. The process of separating the grapes from the twiggy part of the cluster – the stem – is called destemming and is the step just prior to crushing. At the base of the crusher, wine experts test the recently harvested grapes' sugar level. A modern optical instrument, the refractometer, makes it possible to measure the alcohol content that a wine produced from these grapes will have. A drop of juice that is viewed against the light with this instrument will provide a measurement on the Brix scale of degrees. A table of equivalencies will show how the Brix scale indicates how many grams of sugar the grape contains. For example, 22° on the Brix scale is equivalent to 218 grams of sugar, which is equivalent to 12.45° of alcohol in fermentation.

(Continúa en páginas 126 y 127)

(Continued on page 126 and 127)

Finalizada la molienda, las partes sólidas de las uvas: hollejo, pulpa y semillas -orujo-, permanecen en contacto con el jugo o mosto. Para mantener todos los caracteres frutales que las uvas de Malbec pueden entregar, algunas bodegas optan por no triturar totalmente los granos y los hacen fermentar embebidos en jugo y casi enteros. Mediante el uso de bombas y mangueras especiales, todo el conjunto es enviado a piletas de cemento recubiertas de pintura epoxy o a tanques de acero inoxidable. Allí, de inmediato, mediante la actividad de un hongo microscópico -levadura- se inicia la fermentación alcohólica. Para controlar los resultados y obtener características particulares, la sofisticada industria moderna apela al uso de levaduras seleccionadas. Durante la maceración, los azúcares contenidos en las uvas se desdoblan transformándose en alcohol etílico. Esta actividad eleva la temperatura de los caldos que, en el Malbec no es recomendable que supere los 30° C. El exceso de calor es controlado por los enólogos mediante el uso de equipos de refrigeración computarizados.

La fermentación alcohólica produce desprendimiento de gas carbónico - CO2- y calor. El gas arrastra el orujo hacia arriba, lo separa del mosto y genera un verdadero sombrero de sustancias sólidas en la parte superior de la cuba. Este fenómeno natural es contrario a lo que busca el técnico vinificador. Los esenciales taninos y gran parte de los aromas y sabores, se obtienen sólo a través de una severa interacción entre sólidos y líquido.

Para lograr vinos de buen color, gran cuerpo y mucho aroma, es imprescindible que la película del grano de uva Malbec -bien madura- permanezca en contacto con los jugos y les ceda la mayor cantidad posible de polifenoles. Bombeando el mosto desde la base del tanque y derramándolo profusamente sobre el sombrero, el procedimiento de remontaje, intensifica ese contacto y asegura que la extracción de componentes sea completa. Mientras se desarrolla la fermentación alcohólica - entre los 7 y los 30 días- de acuerdo al tipo de uva y a la clase de vino que se elabore, se realizan hasta tres remontajes por día. Finalizada la maceración se procede al descube o traslado de la parte del vino que no tiene materias sólidas -vino de gota- a otra cuba donde terminará su proceso. Mediante el uso de aparatos neumáticos, de la masa de materias sólidas restante se suele obtener vino de prensa, producto de calidad inferior que, en ocasiones, se mezcla con el vino de gota para darle más estructura y concentración.

Descansando en su nueva cuba, el vino de gota produce sedimentos sobre los que no es recomendable que permanezca mucho tiempo. Una vez que las borras decantan, se trasega el vino a vasijas limpias evitando, en cada

Once the crushing process is finished, the solids – the grape's skin, pulp and seeds, or the residue of pressed grapes – remain in contact with the juice or must. To preserve all the fruity features that Malbec grapes can provide, some wineries opt to not grind the grapes completely; they ferment soaking in their juices and still almost whole. Using pumps and special hoses, the entire mix is sent to cement vats coated with epoxy paint or to stainless steel tanks. There, immediately and via the activation of a microscopic fungus – yeast – alcoholic fermentation begins. In order to better control the results and obtain specific characteristics, sophisticated modern industry recurs to the use of selected yeasts.

During the maceration stage, the sugars contained in the grapes multiply and transform into ethyl alcohol. This activity raises the temperature of the juices which, for Malbec, should not surpass 30° Celsius. Wine experts control excess heat with computerized refrigeration units.

Alcoholic fermentation produces a release of carbon dioxide gas – CO2 – and heat. The gas pulls the residue of pressed grapes upwards, separating it from the must and generating a cap of solid substances in the upper part of the tub. This natural phenomenon is the opposite of what the wine-making technician seeks to achieve. The essential tannins and a great part of the aromas and flavors are obtained only by way of a severe interaction of solids and the liquid. In order to achieve wines that have good coloring, are full bodied, and have a lot of aroma, it is absolutely necessary that the skin of the Malbec grape – when very ripe – remain in contact with its juices and give it the highest amount possible of polyphenols. Pumping the must up from the bottom of the tank and pouring it profusely over the cap – the procedure known as pumping-up – intensifies this contact and ensures a complete extraction of the components. While alcoholic fermentation is going on – a period of 7 to 30 days, depending on the type of grape being used and the kind of wine being produced – three pumping-up procedures may be carried out per day.

After maceration, the next stage is the removal from the tub, to transfer the part of the wine that does not contain solids – new wine – to another tub where it will complete its process. With the use of

traspase, que se arrastren sólidos depositados.

Si los trasiegos no logran la clarificación total de los caldos, se pueden utilizar sustancias de naturaleza coloidal -vegetal o animal- que arrastran hacia el fondo de la vasija los elementos en suspensión no deseados.

Ya clarificado, el vino se encuentra listo para iniciar su proceso de añejamiento y guarda. Particularmente en la vinificación de los tintos, un buen añejamiento comienza cuando se desata la segunda fermentación: la maloláctica. Las bacterias que naturalmente existen en el vino y en el ambiente microbiano de la bodega pueden iniciar esta fermentación en forma espontánea, pero, debido a su pequeña cantidad, el proceso puede demorarse semanas o meses. El uso de bacterias seleccionadas ayuda a que la transformación concluya en dos ó tres semanas, asegura un buen frutado del vino y evita el desarrollo de enfermedades o infecciones por levaduras y bacterias no deseadas.

La degradación biológica del ácido málico de la uva en ácido láctico, de constitución suave y agradable, sirve para darle a los vinos de guarda mayor estructura, mejor cuerpo y más redondez en boca.

pneumatic devices, the mass of leftover solid elements is generally used to make press wine, a lower quality product that, on occasion, is blended with new wine to give it more structure and concentration.

Resting in its new tub, the new wine produces sediments, and it is not recommendable for the wine to stay in prolonged contact with. Once the sediments settle out, the wine is decanted to clean jugs, keeping – each time this is done – the solids in the sediment from being carried over.

If the decanting procedures do not fully clarify the juice, substances of a colloidal nature – vegetable or animal – can be employed to drag unwanted floating elements down to the bottom of the jug.

Once clarified, the wine is ready to begin its aging and storage process. Particularly in the production of red wines, a good aging process begins when the second fermentation is triggered: the malolactic one. The bacterias that naturally exist in the wine and in the microbial environment of the winery can set this phase of fermentation off spontaneously, but, given the small quantities involved, the process can take weeks or months. The use of selected bacterias helps the transformation take place in two or three weeks, assuring a good fruitiness in the wine and preventing the development of diseases and infections caused by unwanted yeasts and bacterias.

The malic acid in the grape bio-degrades into lactic acid, of a soft and pleasant constitution. This is useful for giving the wines better structure, a fuller body, and a rounder mouth-feel.

Página Anterior | Previous page

A modern optical instrument makes it possible to determine the degree of alcohol that the wine currently being produced will have. Refractometer in hand, the wine-expert at the Roca winery in San Rafael, Mendoza, tests the sugar level in the recently harvested grapes. Examining a drop of juice against the light with this instrument gives one a reading on the Brix scale. An equivalencies chart allows one to anticipate the percentage of alcohol content that will result from fermenting the must.

Un moderno instrumento óptico permite determinar el grado alcohólico que tendrá el vino próximo a ser elaborado. Refractómetro en mano, el enólogo de Bodegas Roca, de San Rafael, Mendoza, controla el tenor de azúcar que traen las uvas recién cosechadas. Una gota de jugo vista al trasluz con este implemento brinda una lectura en escala de grados Brix, cuya tabla de equivalencias permite anticipar el porcentaje de alcohol que generará la fermentación del mosto .

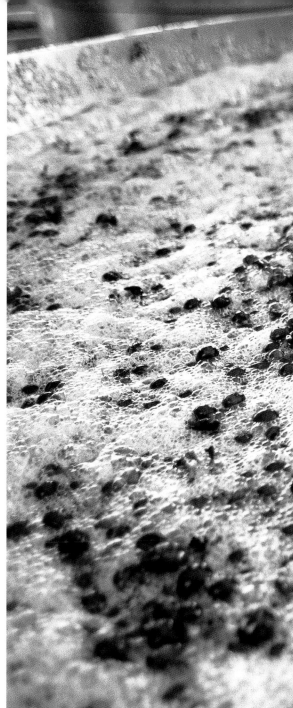

Finalizada la molienda, el orujo, compuesto por hollejo, pulpa y semillas, debe permanecer en contacto con el jugo o mosto. Algunos enólogos prefieren no triturar totalmente los granos. Los hacen fermentar embebidos en jugo y casi enteros, con el objeto de preservar al máximo los caracteres frutales de las uvas Malbec (arriba). En días de mucho calor, el traslado de la uva molida en bateas de acero inoxidable requiere la incorporación de anhídrido carbónico sólido -hielo seco- para evitar el inicio prematuro de la fermentación alcohólica (En frente).

When the crushing process is finished, the residue from the pressed grapes – consisting of skin, pulp and seeds – needs to remain in contact with the juice or must. Some wine-experts prefer not to crush the grapes completely; fermentation takes place with the grapes still almost whole and soaking in their juices. The goal is to preserve as much as possible the fruitiness of Malbec grapes (top). On very hot days, the transportation of crushed grapes in stainless steel pans requires the addition of solid carbon dioxide – dry ice – to prevent premature initiation of the alcoholic fermentation process. (Facing page)

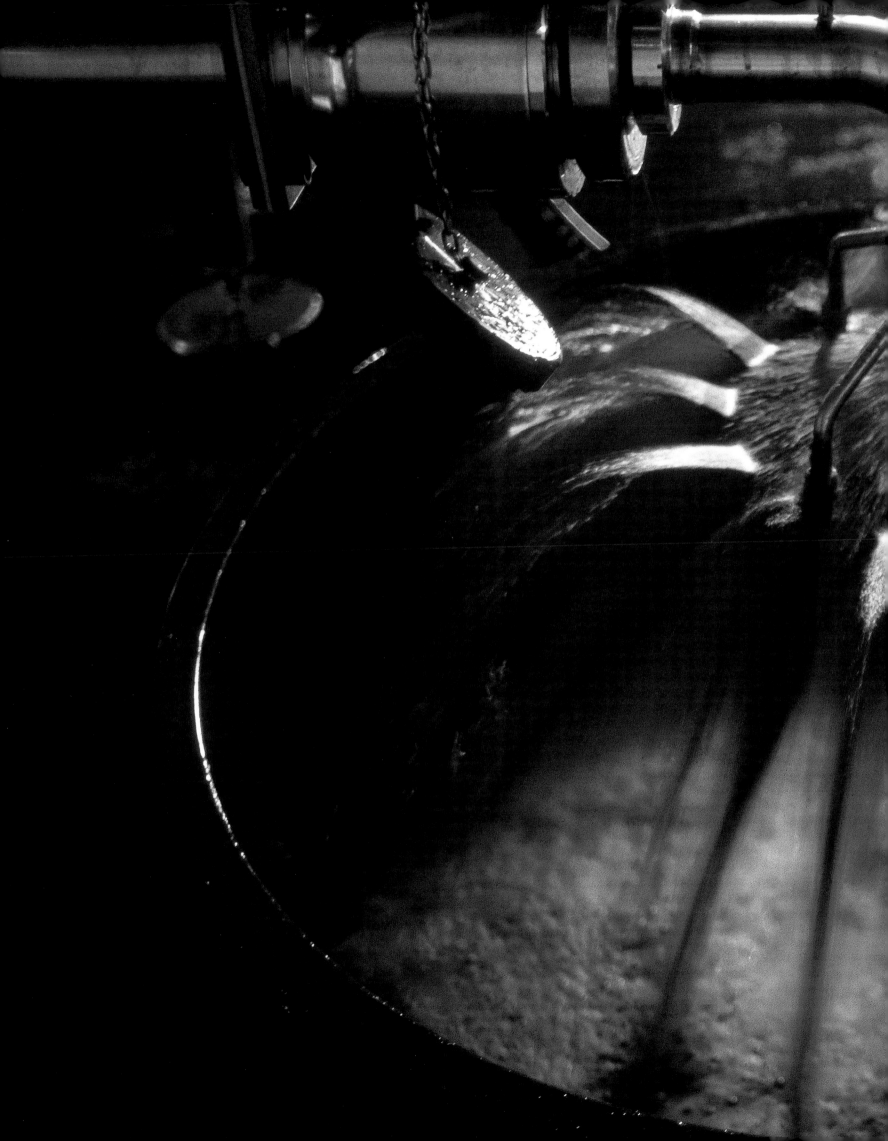

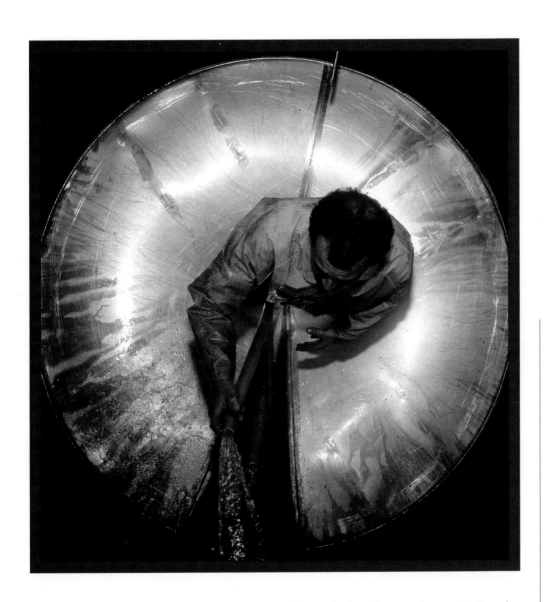

La fermentación alcohólica produce desprendimiento de gas carbónico -CO2- y calor. Al abrir la tapa de la boca superior de una pileta de fermentación de la bodega Goyenechea, de San Rafael, Mendoza, el espectáculo que se observa es particular. El caldo de Malbec bulle frenético y su efervescencia, de color bordó intenso, produce espuma violácea (En frente).

La higiene en las bodegas es una necesidad primordial. La proliferación de bacterias y hongos indeseados se previene lavando con abundante agua, mediante mangueras de alta presión. Los tanques de acero inoxidable se lavan cuidadosamente antes y después de su llenado con mosto o vino. (arriba).

Alcoholic fermentation produces the release of carbon gas – CO2 – and heat. When the cover of a fermentation vat is lifted at the Goyenechea winery in San Rafael, Mendoza, one sees quite a special spectacle. The fermenting Malbec juice boils frenetically, and its effervescence – of an intense burgundy color – generates a purplish foam. (Facing page)

Hygiene at the wineries is a primordial necessity. The proliferation of unwanted bacterias and fungi is prevented by rinsing with abundant water, using high-pressure hoses. The stainless steel tanks are rinsed carefully before and after being filled with must or wine. (Top)

La tecnología moderna aprovecha la nobleza y practicidad del acero inoxidable para la fabricación de los tanques donde se realiza la fermentación alcohólica del vino. La bodega Mayol, de Tupungato, Mendoza, cuenta con un compacto conjunto de cilindros de mediana y reducida capacidad que le permite obtener productos de alta calidad sin necesidad de ocupar grandes espacios físicos.

Modern technology takes advantage of the integrity and the practicality of stainless steel to fabricate the tanks that will be used for the alcoholic fermentation of wine. The Mayol winery in Tupungato, Mendoza, has a compact set of medium-sized and low-capacity cylinders that allow this wine producer to achieve a high quality product without occupying so much space.

En las bodegas la limpieza es imprescindible. Bombas, mangueras, bateas, tanques y piletas se lavan, permanentemente, con agua para evitar el desarrollo de microorganismos no deseados. En La Consulta, Mendoza, la antigua bodega Fapes conserva en uso varias piletas de fermentación hechas de ladrillo que datan de principios del siglo XX, únicas en el país por su forma cilíndrica (derecha). En Agrelo, Mendoza, la bodega Terrazas de los Andes refaccionó una antigua sala de piletas combinando la arquitectura original con modernas instalaciones de acero inoxidable (abajo). Bodegas Llaver, en Rivadavia, la zona oriental de Mendoza, utiliza tecnología de refrigeración que permite mantener las temperaturas de fermentación controladas aún conservando los tanques en el exterior, mientras se terminan las obras que los protegerán de la intemperie (En frente, medio). En La Celia, de San Carlos, Mendoza, el respeto estricto de las medidas de higiene y seguridad requiere que el personal de bodega utilice atuendos especiales (En frente, abajo)

In the wineries cleanliness is of the essence. Pumps, hoses, pans, tanks and vats are continually rinsed with water in order to prevent the development of unwanted micro-organisms. In La Consulta, Mendoza, the time-honored Fapes winery continues to use various brick fermentation vats that date back to the beginning of the twentieth century, unique in this country because of their cylindrical shape (top). In Agrelo, Mendoza, the Terrazas de los Andes winery renovated an antique set of vats, combining the architectural style of the past with modern stainless steel equipment (facing page). The Llaver winery, in Rivadavia, in the eastern zone of Mendoza province, uses refrigeration technology so that these vintners can regulate temperatures during fermentation, while still choosing to keep their tanks outdoors. Meanwhile, they are completing new installations that are protected from environmental conditions (center). At La Celia, in San Carlos, Mendoza, strict respect for hygiene and security measures demand that the winery's employees use special attire (bottom).

El laboratorio
THE LABORATORY

Applying quality control to check on both the grapes and the wine throughout the process of elaboration is fundamental in order to achieve high quality in the final product. The majority of the wineries are equipped with quality control installations on site to do this. At the Dolium winery, in Agrelo, Mendoza, the technicians monitor the development of their wines on a daily basis. (Left) The tests involved in this process are many and varied, and state-of-the-art technology is the order of the day. (Facing page) For this reason, some work is outsourced. While preparations are made for the harvest, the Eno-Rolland laboratory in Luján de Cuyo, Mendoza, receives samples of grapes from wineries. By examining the juice of these grapes, they can determine, among other things, the evolution of sugar levels and the reduction of total acid content in the pulp of the grapes. (Top)

Los controles de calidad de la uva y del vino durante su elaboración son fundamentales para la obtención de un producto final de alto nivel. La mayoría de las bodegas cuenta con instalaciones propias para realizarlos. En la bodega Dolium, de Agrelo, Mendoza, sus técnicos monitorean, diariamente, la evolución de sus vinos (Izquierda). Los análisis requeridos son muchos y variados y el uso de tecnología de última generación es imprescindible (En frente). Por esta razón, algunos trabajos se encargan a terceros. Durante los preparativos de la cosecha, en el laboratorio Eno-Rolland, de Luján de Cuyo, Mendoza, las bodegas llevan muestras de sus uvas para que se determine - estudiando sus jugos- entre otras cosas, la evolución del tenor de azúcares y la disminución de la acidez total de la pulpa en las uvas (arriba).

Las cintas transportadoras, utilizadas en la bodega Monteviejo, de Vistaflores, Mendoza, facilitan el control manual de la limpieza y el estado general de la fruta. Hojas y granos en mal estado no deben pasar a la molienda. Su presencia podría provocar sabores herbáceos y contaminar los aromas y el gusto del producto final.

Transport belts, used at the Monteviejo winery in Vistaflores, Mendoza, facilitate manual examination of the fruit to check its cleanliness and general condition. Leaves and berries in poor condition should not pass on to the crushing stage. Their presence could contaminate the final product's aromas and taste with herbaceous flavors.

El procedimiento de remontaje intensifica y completa el contacto de orujo y mosto. Éste, bombeado desde la base del tanque y derramando profusamente sobre el sombrero de materias sólidas, gana interacción con la película del grano maduro y adquiere mayor cantidad de polifenoles.

Un accesorio especial colocado en la salida de la exclusa inferior del tanque, crea una estrella de líquido carmín sobre la batea plástica. Este remontaje en flor enriquece el mosto oxigenándolo antes de que, mediante bomba y manguera, sea regado a través de la entrada superior de la cuba de acero. Se hacen hasta tres remontajes por día.

The pumping-up process intensifies and perfects the contact between the residue of pressed grapes and the juice. The liquid, pumped up from the bottom of the tank and poured profusely over the cap of solid matter, increases interaction between the ripe berries and generates a higher quantity of polyphenols.

A special accessory located at the exit-point at the bottom of the tank creates a star of crimson liquid in the plastic pan. This flower-shaped pumping-up process enriches the must, oxygenating it before a showering process, with a pump and hose applied from the upper aperture of the steel vat. Three pumping-up procedures are done per day.

Terminada la maceración se realiza el descube. El mosto sin substancias sólidas -vino de gota- se traslada a otra cuba donde completará su proceso. El orujo que queda en la base de tanques y piletas es paleado al exterior para continuar su aprovechamiento (abajo). Aún embebido en abundante líquido, mediante el uso de aparatos neumáticos, se lo somete a presión para obtener vino de prensa, producto de calidad inferior que, en ocasiones, se mezcla con el vino de gota para darle más estructura y concentración. La materia seca restante, compuesta por semillas y elementos orgánicos, se utiliza para la producción de aceite de uva y como abono natural en las fincas de viñedos, huertas y otras plantaciones. (arriba).

Once maceration is complete, the liquid is removed from the tub. The must, separated from solid sediments – new wine –, is moved to another tub where it will finish its elaboration process. The residue of pressed grapes is left at the bottom of the tanks and vats. It will be shoveled out and put to other uses (bottom). Still generously soaked in liquid, the residue is pressed with pneumatic machinery to obtain press wine. This is a lower quality product that, on occasion, will be mixed with the new wine to give it more structure and concentration. The leftover dry materials, comprised of seeds and organic elements, are used to make grape oil or to fertilize naturally the vines, vegetables, and other plants on the farm (top).

José Galante.

Enólogo de Bodega Catena Zapata
Oenologist of the Catena Zapata Wine Cellars

Foto: Orlando Pelichotti

Nuestro malbec es para el mundo
Our malbec wine is for the world

Hoy, quien viene a buscar un vino a Mendoza, viene a buscar un Malbec. Yo creo que el Malbec ha venido a representar la "variedad" que mayor estabilidad ha logrado en nuestro suelo mendocino. Desde el año 2001 vinificamos con un corte que es la expresión del mismo Malbec cultivado en distintas zonas, ese blend nos resulta mucho más atractivo. Cada expresión tiene sus fortalezas y sus debilidades. A las debilidades las reemplazamos con las fortalezas de otros Malbec y llegamos a un producto armónico, al que vemos como el futuro del Malbec argentino de Mendoza. Así tenemos Malbec de Lunlunta, Malbec de Agrelo, Malbec de La Consulta y Malbec de Tupungato. En esta localidad estamos cultivándolo a distintas alturas. Por cada 100 metros que subimos, disminuye un grado la temperatura media y en el mes de marzo podemos prolongar el tiempo de racimo colgado. También, al variar las condiciones de luminosidad y de amplitud térmica, el microclima logrado da una expresión de mayor concentración, de mayor cuerpo.

A los Malbec sobresalientes se los añeja durante un año, en vasijas de roble, buscando incorporar la complejidad de la madera, sin afectar sus características gustativas. La madera es usada sólo como un condimento que permite llevar a la botella toda la expresión típica de la variedad. Buscamos vinos armónicos. Por ejemplo: el Malbec de Lunlunta es muy interesante. Es un vino muy intenso. Muy concentrado en cuerpo y en boca, pero en la nariz no es la mejor expresión obtenible de este varietal. En Agrelo, en cambio, su nariz es más especiada. Yo creo que los aromas más ricos los encontramos en La Consulta, donde el Malbec es más débil en boca, pero es un vino muy elegante aunque menos concentrado que los que tienen gran sabor. Por eso mezclamos uno y otro. El de Tupungato -como expresión de Malbec hacia el futuro- puede ser, o llegar a ser, puesto en botella como una expresión propia de una zona.

En la boca, el Malbec es un bombón. Uno lo siente y es redondo, sin aristas, muy suave y a su vez muy intenso. Es un vino rico desde el primer día en que terminó de fermentar. Puedo decir: "hoy me gusta más que ayer", pero todos los días va evolucionando y mostrando facetas nuevas. Es un vino que puede competir con cualquier otro en el mundo.

Today anyone, who comes to Mendoza province in Argentina looking for a good wine, is looking for a Malbec. I believe that Malbec has now come to represent the "type" that has achieved its maximum stability, and it has done so in the soil of Mendoza province. From the year 2001 we have been making wine with a combination of the expressions offered by Malbec grapes as they are cultivated in diverse local zones. This blend produces much more attractive results for us. Each expression naturally has its strong and weak points. We seek to replace whatever weaknesses there are with the strength that another zone's Malbec grapes offer us. In this way, we are able to achieve a harmonious product, which we see as the future of Argentine Malbec from Mendoza. Hence we have Malbec from Lunlunta, Malbec from Agrelo, Malbec from La Consulta, and Malbec from Tupungato. In this area the grapes are grown at different altitudes. Every 100 meters more of altitude reduces the average temperature by one degree, and in the month of March we can extend the amount of time the cluster stays ripening on the vine. In addition, by varying the conditions such as exposure to light and the range of temperatures, the microclimate we've achieved allows for an expression that is more concentrated and more full-bodied.

The most outstanding Malbec wines are aged for one year, in oak barrels so that they absorb the complexity that wood can give them without affecting their characteristic flavors. The wood is used only as a condiment, to allow the wine to reach the bottling stage with the greatest expression of its varietal identity. We seek to produce harmonious wines. For example, the Malbec from Lunlunta is very interesting. It is a very intense wine. Highly concentrated in terms of body and mouthfeel. But its nose is not the best expression that one can obtain from this varietal. In Agrelo, on the other hand, Malbec's nose is better spiced. I believe that the richest aromas are found in La Consulta, where Malbec has a weaker mouthfeel and yet is still an elegant wine, though with less concentration than the deeply flavored Malbec wines. That is why we combine them. The Malbec from Tupungato – as an expression of Malbec one should look to in the future – can be, or can become, bottled as an expression complete in itself and representative of a single zone. For the mouth, Malbec is a like a fine bonbon. One feels it and it is round, without edges, very soft and at the same time very intense. It is a rich wine from the first day it's finished aging. I can say, "Today I like it more than yesterday." But every day it continues evolving and showing new facets. It is a wine that can compete with any other in the world.

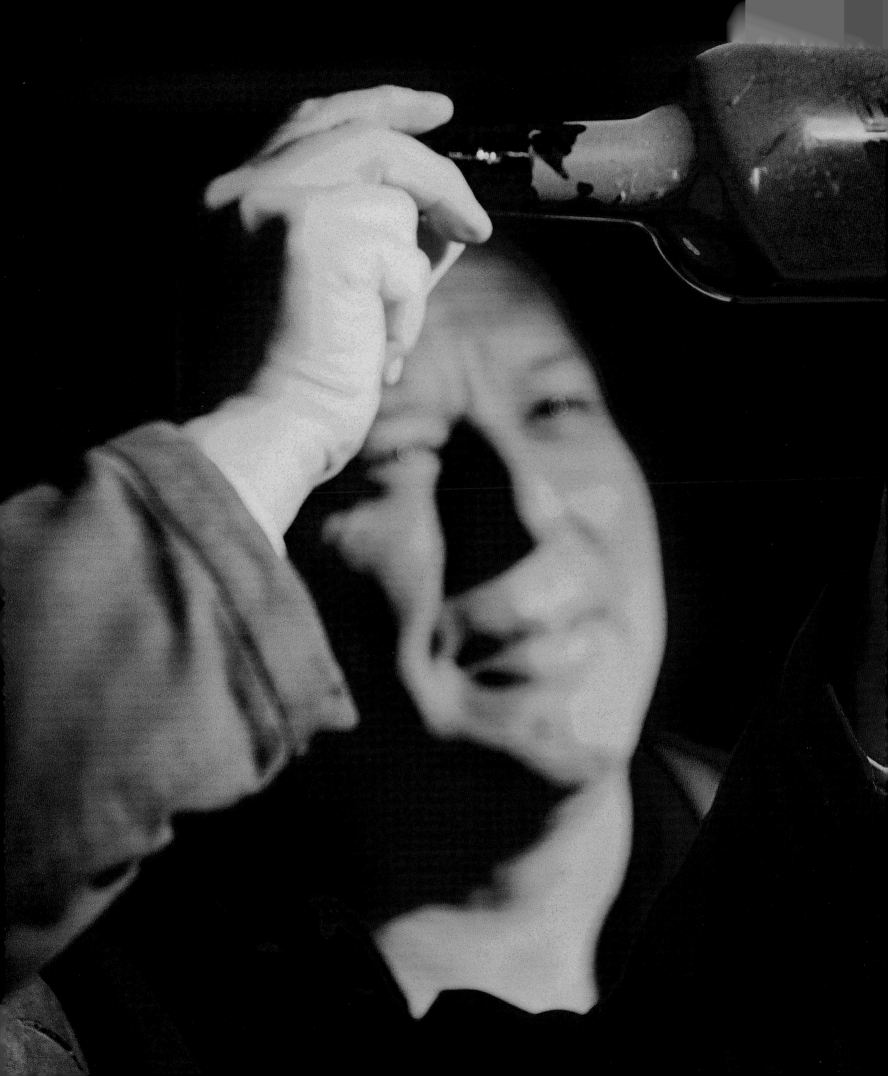

LOS MALBEC PREMIUM ARGENTINOS EXIGEN PROCESOS DE CRIANZA Y AÑEJAMIENTO CONTROLADOS: UN PASO INTELIGENTE POR MADERA Y UN ADECUADO ESTACIONAMIENTO EN VIDRIO. ESOS PROCEDIMIENTOS PERMITEN LOGRAR LA MÁXIMA EXPRESIÓN OLFATIVA, EL ENRIQUECIMIENTO DE LOS SABORES BUSCADOS Y LA TOTAL ESTABILIZACIÓN DEL COLOR, SINÓNIMOS DE GRANDES VINOS.

ARGENTINA'S PREMIUM MALBEC WINES NEED CONTROLLED PROCESSES OF AGING: AN INTELLIGENT PERIOD IN WOOD AND AN ADEQUATE TIME IN GLASS. THESE STEPS MAKE FOR MAXIMUM AROMATIC EXPRESSION, FULLY ENRICHED FLAVORS AND TOTAL STABILIZATION OF THE COLOR, WHICH ARE THE SYNONYMS OF ALL GREAT WINES.

Crianza y Añejamiento

Aging

Guarda en madera
BARREL-AGING

En frente | Facing page

Prácticas y manipulables, las pequeñas barricas de 225 litros de capacidad, permiten al enólogo realzar las bondades de cada vino. El roble puede provenir de bosques de Francia o de Estados Unidos y puede tener un interior tostado bajo, medio o alto. En Perdriel, Mendoza, la bodega Norton atesora sus barricas en un ambiente climatizado. Para el sellado de los modernos barriles, se utilizan tapones de siliconas.

Practical and easy-to-handle, the small 225-liter barrels allow the oenologist to bring out the best in each vintage. The oak may come from the forests of France or the United States and can have low, medium or strong toasting. In Perdriel, Mendoza, the Norton winery keeps their barrels in a temperature-controlled environment. To seal modern barrels, silicone plugs are used.

El añejamiento o guarda es un proceso de suma importancia en la definición de la personalidad final del vino. El roble, el vidrio y los años son los principales recursos con los que cuentan los expertos para este fin. De acuerdo al tipo de producto que pretende lanzar al mercado, el enólogo define la combinación de recipientes y tiempos que utilizará para llegar a su objetivo Las fragancias que se pueden lograr en un vino son numerosas. Se han detectado cerca de quinientos compuestos aromáticos. Están los aromas primarios, que, frescos y frutados, provienen de la uva. Los secundarios se generan durante el proceso de fermentación. Finalmente, los elegantes y misteriosos aromas terciarios son originados por los cambios físico-químicos que experimenta el vino durante el añejamiento en madera y el reposo en botella.

El roble

La crianza de productos de alta gama se inicia durante o después de la fermentación maloláctica, cuando el vino es trasvasado a toneles o barricas de roble. Allí comienza un intercambio fundamental de elementos y acciones irreemplazables para la calidad de los vinos. Son transformaciones imposibles de obtener de otra manera que producen dos fenómenos característicos: intercambio de sustancias y micro-oxigenación. El roble le incorpora al vino características particulares que varían de acuerdo a su origen botánico y geográfico y a sus condiciones de tostado y secado. Los componentes aromáticos que le brinda son las lactosas, responsables de las fragancias típicas de vainilla, almendra, nuez de coco, clavo de olor y praliné.

Aging or resting in wood barrels is a supremely important process in defining the final personality of the wine. Oak, glass and time are the experts' principal resources in achieving this. In accord with the type of product that he intends to place on the market, the wine-maker will decide on the combination of materials and time periods he will use to achieve his objectives. One can obtain numerous fragrances in a wine. Around five hundred aromatic combinations have been identified. There are the primary aromas that, fresh and fruity, come from the grape. The secondary aromas are generated during the fermentation process. Finally, the elegant and mysterious tertiary aromas have their origin in the physical and chemical changes the wine goes through when aging in wood barrels and then resting again, once bottled.

Oak

The aging process for top-quality wine starts during or after malolactic fermentation, when the liquid is transferred to casks or barrels made of oak. There, a fundamental interchange of elements begins: actions that are irreplaceable for optimal quality in the wines produced. These are transformations that cannot be achieved in any other way and that produce two characteristic phenomena: an exchange between the substances and micro-oxygenation.

Oak gives wine specific characteristics that vary according to the botanical and geographical origins of the wood and how it was dried and toasted. The aromatic features it offers the wine are lactose, responsible for this wine's typical hints of vanilla, almond, coconut, clove, and praline.

También le otorga taninos y algunas grasas y ceras que mejoran su estructura. Estos componentes, combinados con los propios del vino, elevan las dimensiones olfato–gustativas del producto final.

Los polifenoles son sustancias que se encuentran en el hollejo de las uvas tintas y en sus semillas, con un alto poder antioxidante. Entre ellos, los taninos son los responsables de la astringencia y el color del vino. En uno joven, recién elaborado, los taninos son rudos, algo agresivos y suelen aportar un toque amargo. Para atenuar sensaciones poco agradables se recurre al oxígeno. Como la madera de roble es porosa, penetran desde el ambiente exterior partículas muy pequeñas de este gas. La oxidación se produce lenta y progresivamente. Su duración depende de la temperatura y humedad de la sala de barricas y del grosor de las duelas. La micro-oxigenación rompe la cadena de taninos, es decir, los polimeriza: aumentan su peso y tamaño molecular, mejoran su calidad y alargan su vida. Esas transformaciones suavizan el vino, disminuyen su agresividad y le confieren un carácter más aterciopelado. Al mismo tiempo, se generan los aromas propios del envejecimiento y el color del vino se hace estable y vivaz.

La creatividad, el conocimiento y el arte de enólogos y grandes vinificadores son los que determinan el tiempo necesario para que un vino madure en madera. La experiencia colectiva evidencia que de 6 a 9 meses son suficientes para lograrlo. Sin embargo, el roble y el vino poseen magia propia. Algunos productos se dejan descansar hasta dos años en barricas pequeñas y muchos más en toneles antiguos. La mesura y el buen criterio ayudan a encontrar el momento exacto en el que, sin perturbarse, contenedor y contenido logran el equilibrio perfecto.

Oak also gives the wine tannins and certain fats and waxes that improve its structure. These components, combined with the wine´s own elements, enhance the final product´s smell-taste dimensions.

Polyphenols are found in the skin and seeds of red grapes, and they are powerful anti-oxidants. Among them, tannins are responsible for the wine´s astringency and its color. A young, recently produced wine has rough, somewhat aggressive tannins that tend to lend it a slight bitter touch. Oxygen is generally used to diminish these less agreeable sensations. Since oak is a porous wood, tiny particles of this gas can penetrate it from the outside air. This process of oxygenation takes place slowly and progressively. Its exact duration depends on the temperature and humidity of the barrels´ storage site and the thickness of the staves. This micro-oxygenation breaks the tannins´ chain, that is: it polymerizes them, increasing their weight and molecular size, improving their quality, and lengthening their lives. These transformations soften the wine, reduce its aggressiveness, and lend it a more velvety character. At the same time, the aromas born of aging are generated, and the wine´s color stabilizes and becomes vibrant.

The creativity, knowledge and art of winemakers and great producers of wine are the criteria that determine how much time will be necessary for a wine to age in wood. Collective experience has shown that six to nine months suffice. However, the relationship between oak and wine is rich and almost magical. Some wines are left resting in small barrels for up to two years, and some stay for many more in antique casks. Moderation and good judgment help to find the exact moment when, with no disturbance, container and contents strike a perfect balance.

Toneles y barricas

Algunos Malbec tradicionales de Argentina se siguen añejando en antiguos y grandes toneles de roble. Son recipientes que promedian los 80 años de uso, cuyas capacidades varían entre 5.000 y 20.000 litros o más. Cuando se vacían, sus caras interiores se cepillan para enfatizar el contacto con el líquido. Pero el intercambio es lento y poco agresivo, lleva muchos años obtener un añejamiento adecuado en estos gigantes. Su madera, ya desgastada, precisa mucho tiempo para aportarle al vino los elementos que le quedan y oxigenarlo adecuadamente. Como resultado final, el color de estos vinos es poco profundo. Presentan tonos amarronados o teja, resultado de su larga evolución. La presencia de la madera es muy sutil, los aromas son más complejos, menos intensos. Su cuerpo es medio y son muy equilibrados. Difieren bastante de los vinos criados en barricas. Los aprecia un sector de consumidores tradicionalistas y algo conservadores.

A partir de 1990, la aplicación de renovadas técnicas de manejo de viña y la incorporación de revolucionarios sistemas de elaboración en bodega, inician la modernización de la vitivinicultura argentina. Parte de esta transformación significó el reemplazo de los antiguos toneles por pequeñas barricas de 225 litros de capacidad. Más prácticos y manipulables, estos pequeños contenedores le otorgan al enólogo mayores alternativas para acentuar la riqueza y las características particulares de cada vino. El roble puede provenir de bosques de Francia o de Estados Unidos, y los interiores pueden llevar tostados suave, medio o alto. Se los utiliza hasta tres veces, disminuyendo la intensidad del aporte de sus componentes a partir del segundo llenado.

Los nuevos Malbec argentinos, criados en barrica y logrados por experimentados y jóvenes enólogos -locales y foráneos- están pensados para satisfacer las nuevas tendencias internacionales. Todos ellos ofrecen características más marcadas que las de los añejados en tonel. Su expresión varietal es de mucha tipicidad, sus aromas frutales son intensos, sus taninos potentes y dulces, y se destaca la expresión del terruño. Colores fuertes se unen a las fragancias y sabores obtenidos durante la crianza: vainilla, manteca, ahumado, cuero, tabaco, madera, hongos y chocolate, entre otros.

En ocasiones, el enólogo decide combinar un porcentaje de vino madurado en madera con otro que, preservado en tanques de acero inoxidable, mantuvo mayor expresión frutal.

El antiguo tonel de roble y las modernas barricas pequeñas otorgan al vino características organolépticas de gran complejidad.

Casks and Barrels

Some traditional Argentine Malbec wines are aged longer in large, antique oak casks. These containers have been in use for an average of eighty years, and they hold between 5,000 and 20,000 liters or more. When they are emptied, their inner walls are scraped so the liquid enters into as much contact as possible with the surface. But the interaction between the wood and the wine is slow and non-aggressive; it takes many years for adequate aging to take place in these giants. Its wood, so deeply worn, needs a long time to transfer its lingering characteristics to the wine and let it breathe enough. Consequently, the color of these wines is not as deep. It might have brown or brick tones, the result of its long period of evolution. The presence of the wood is quite subtle; the aromas are more complex, less intense. These wines are medium-bodied and very balanced. Markedly different from barrel-aged wines, they are most appreciated by traditional and rather conservative wine drinkers. From 1990 on, the application of new techniques in managing the growth of the vines and the incorporation of revolutionary production systems in the wineries has sparked a modernization of Argentina's wine production. Part of this transformation has meant replacing the antique casks with smaller 225-liter barrels. These small containers are more practical and easier to handle, and they give the winemaker more alternatives with which to accentuate the richness and specific features of each vintage. The oak might come from the forests in France or in the United States. The barrels´ interior might have a soft, medium, or high level of toasting. They can be used to up three times. Already with the second use, there is reduced intensity in the attributes the wood will give the wine.

The new Argentine Malbec wines, barrel-aged and produced by experienced as well as young wine-makers – both local and foreign –, are meant to respond to new, international trends. They offer more pronounced characteristics than the wines aged in giant casks. Their varietal expression is identifiable and typical, their fruity aromas are intense, their tannins are powerful and sweet, and overall these wines stand out with a distinct expression of their native soil. Strong colors join the fragrances and flavors acquired during aging: vanilla, butter, smoke, leather, tobacco, wood, mushrooms, chocolate, and others. On occasion, the wine-maker will decide to blend a percentage of wine aged in wood containers with another that has maintained a stronger expression of fruitiness because it was aged in stainless steel tanks.

Both the antique oak casks and the smaller modern barrels give the wine highly complex organoleptic characteristics.

En la pintoresca localidad de Lunlunta, Maipú (Mendoza) una bodega de familia en el corazón de viñedos centenarios - Domaine Saint Diego- se sirve de un pequeño y acogedor sótano para conservar sus barricas. Por sus condiciones ambientales, el subsuelo es el lugar ideal para la ubicación de los contenedores de madera. Su producción limitada es elaborada y criada en la bodega por sus propios dueños.(arriba). Los Malbec tradicionales de Argentina se añejan en toneles de roble que promedian los 80 años de uso, cuyas capacidades varían entre 5.000 y 20.000 litros o más. En el Alto Valle de Río Negro, Bodegas Canale, mantiene en un mismo ámbito un antiguo gigante junto a menudas barricas. A partir de 1990, la modernización de la vitivinicultura argentina impuso el reemplazo de unos por otras (En frente, arriba). Las bodegas más grandes cuentan con elaboradas estructuras que les permiten almacenar y mantener centenares de barricas, alojando cientos de miles de litros de Malbec sin sacrificar la calidad de sus productos (En frente, abajo).

In the picturesque town of Lunlunta, Maipu (in Mendoza), a family-owned winery in the heart of a centuries' old vineyards, Domaine Saint Diego uses a cozy, little basement cellar to store its barrels. Because of its environmental conditions, this underground space is the ideal site to have the wooden containers (facing page). Its limited production is elaborated and bottled in their winery by the owners themselves. Traditional Argentine Malbec wines are aged in oak casks with an average of eighty years of use and between 5,000 and 20,000- liter capacities. In Alto Valle, in Río Negro province, Canale Wineries has an antique giant in the same space next to their smaller barrels. From 1990 on, the modernization in Argentine wine production has meant that older tools and methods are replaced by newer ones (top). The larger wineries have elaborate infrastructures that allow them to store and maintain hundreds of barrels, containing hundreds of thousands of liters of Malbec without sacrificing the quality of their products (bottom).

Guarda en botella
BOTTLE-AGING

El vidrio

En Europa la botella de vidrio se conocía desde el siglo IX y hasta el XVII fue siempre un objeto muy frágil. Su uso se reducía a llevar domésticamente el vino del tonel a la mesa, ya que, cuando se la llenaba con un líquido como el vino, frecuentemente se desfondaba. Su delgado cuello no soportaba aún la más ligera compresión. Este defecto impedía utilizar en ella un tapón introducido a presión. Según los historiadores, semejante deficiencia se debía a las insuficientes temperaturas de fusión de los hornos calentados con leña.

En Inglaterra, a partir de 1620, cuando se empiezan a usar hornos caldeados con carbón de piedra, se consigue un vidrio ahumado, que sobrepasa en espesor, peso, resistencia y solidez a la botella conocida hasta entonces. El ahumado de carbón le daba a la botella su tinte pardo, más bien oliva oscuro, casi negro. Esta característica pasó a ser símbolo de solidez y ofrecía la ventaja de proteger de la luz a los vinos.

En Argentina, hoy existen unos 100 tipos diferentes de envases. La botella que identifica al vino Argentino en el mundo es la Burdeos. Un envase pesado, con más vidrio, bien plantado, con una picada profunda, un cuello más alto y hombros bien marcados. El color sigue siendo el verde, aunque la moda lo haya alejado de los tonos brillantes, neutralizándolo con los ahumados o caramelo. El envase, su etiqueta y la personalidad del vino expresan el estilo de cada Malbec. (Fuente: Licenciados Raúl de la Mota y Ángel Mendoza)

Glass

In Europe, the glass bottle existed since the 9th century. Until the 17th century it was a very fragile object. It was only used domestically – to carry the wine from the barrel to the table – because it frequently broke at the base when filled with liquid. Its slender neck could hardly withstand even the slightest pressure. This defect made it impossible to put any kind of stoppage device in the neck. According to historians, that deficiency was caused by insufficient fusion temperatures in the wood-burning ovens of that age.

In England, from 1620 on, when ovens heated by coal came into use, it was possible to produce smoked glass that surpassed in thickness, weight, resistance and solidity the bottle as it had been known up to that time. The coal smoke is what gave the bottle its browner tint, or more like a dark olive-green, almost black. This characteristic came to symbolize the glass´ solidity and provided the wine in addition with protection from the light.

Today in Argentina, there are some 100 different types of bottles. The one that most identifies Argentine wine in the world is the "Bordeaux" style. A heavy vessel, made of dense well-set glass, a pecked surface, a higher neck and clearly demarcated shoulders. The color is still green, although the fashion today has distanced it from the shinier tones to more neutral, smoky or caramelized ones. The bottle, its label, and the wine´s own personality express each Malbec´s distinctive style. (Source: Oenologists Raúl de la Mota and Ángel Mendoza)

Crianza en Botella

Al abandonar la barrica o el tonel, el vino precisa un tiempo de reposo en botella. Allí, como consecuencia de la falta prolongada de oxígeno, se genera un proceso de reducción que afianza los cambios iniciados en la madera, fusiona los distintos componentes y logra el equilibrio buscado. El vino se suaviza. A partir de los primeros nueve meses de guarda en vidrio, los aromas de la fruta y la moderada madera se funden y, en reacciones aún poco conocidas, expresan un intenso bouquet. Las huellas de un gran vino están en la delicadeza de su fragancia. Gratos aromas otoñales e invernales de nueces, almendras y avellanas; de tabaco y hojas secas o de humeantes leños en la estufa de una cabaña nueva acariciarán nuestros sentidos. Si se tiene la suficiente fuerza de voluntad para guardarlo, después de cinco años un Malbec estará complejo y concentrado y, al servirlo, pedirá el servicio de un botellón decantador o de copones de cristal, para abrir su perfil aromático.
(Fuente: Lic. Ángel Mendoza)

Bottle-aging

When it is taken from the barrel or cask, the wine needs to rest for a time in the bottle. As a consequence of prolonged lack of oxygen there, a reduction process occurs that fixes the changes initiated during the aging period in wood. The diverse components will now come into harmony, achieving the desired balance. The wine softens. After an initial first nine months of rest in the bottle, the aromas of fruit and moderate wood fuse and – in a reaction that remains mysterious – express an intense bouquet. The sign of a great wine is the delicacy of its fragrance. Pleasant autumnal and wintry smells – of walnuts, almonds, and hazelnuts; of tobacco and dried leaves or smoking logs in the fireplace of a new cabin – caress our senses. If we have enough willpower to save it, after five years a Malbec has grown in complexity and concentration, and when served it will require a decanter or wide crystal glasses to open its aromatic features. (Source: Angel Mendoza)

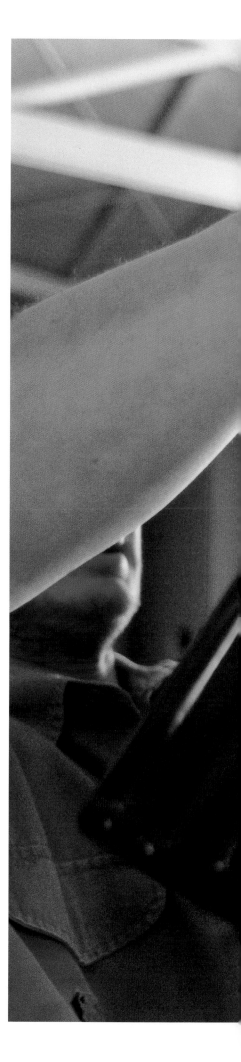

En la Argentina de hoy, existen unos 100 tipos diferentes de envases. Una de las botellas más utilizadas para el Malbec es la que se conoce como "Burdeos". De color verde, neutralizado con ahumados o tonos caramelo para resguardar el contenido de la luz (derecha).

In Argentina today, there are 100 different types of bottles. One of the bottles used most frequently for Malbec is called the "Bordeaux" bottle. Tinted green, muted with smoky or caramelized tones to soften the intensity of its luminosity (Right).

Al abandonar la barrica o el tonel, el vino se envasa en botellas de vidrio donde inicia su segunda etapa de crianza y reposo. Modernos esqueletos metálicos son empleados para el acopio, traslado y almacenamiento de los vinos recién embotellados.

Once removed from the barrel or cask, the wine is transferred to glass bottles, and there initiates its second stage of aging and rest. Modern metal frames are used to collect, transport and store recently bottled wines.

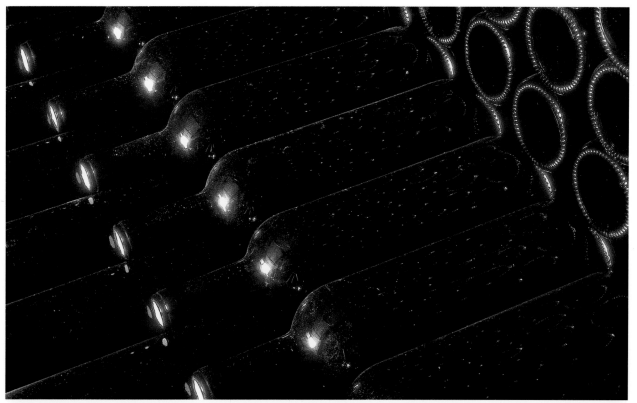

After the first nine months of storage in glass, the aromas of fruit and wood fuse together. Inside the bottle, the prolonged lack of oxygen balances out the different components. The wine softens (top). Bottle-aging demands hermetic closure with special devices. Traditional corks, extracted from the bark of the cork tree, and plastic stoppers are equally effective. The plastic stoppers are more widely accepted on the international market than locally in Argentina. For cultural reasons, in our country wine drinkers still prefer to see natural materials when they open a bottle of fine wine (bottom).

A partir de los primeros nueve meses de guarda en vidrio, los aromas de la fruta y la madera se funden. La falta de oxígeno prolongada dentro del envase equilibra los distintos componentes. El vino se suaviza (arriba). La crianza en botella exige el cierre hermético de un excelente tapón. Los corchos tradicionales, extraídos de la corteza del alcornoque, y los tapones plásticos cumplen la misma función. Estos últimos son mejor aceptados en el mercado internacional que en la Argentina. Por una cuestión cultural, en nuestro país los consumidores aún prefieren manipular materia natural al descorchar una botella (abajo).

La Degustación
WINE-TASTING

POR/By Lic. Ángel Mendoza

La degustación requiere un esfuerzo de concentración y atención. Es necesario entrenamiento y memoria sensorial. Disfrutar de los alimentos y bebidas saboreándolos con gusto, con tiempo y con dedicación. El degustador no nace, se hace. Decía Pierre Poupón que degustar es leer un libro lentamente, frase a frase, para captar todo su contenido. Degustar es escuchar un concierto en el más profundo recogimiento; es contemplar una obra de arte, un cuadro, una escultura o un monumento, dejándose impregnar por sus formas y colores. También es abrir los ojos al espectáculo maravilloso de la naturaleza, sentir el cuerpo relajarse sobre la arena de una playa soleada y estar conciente de sí mismo y del universo. En resumen, saber degustar es saber vivir.

Wine-tasting requires that one should make the effort to concentrate and focus one´s attention. Training and sensorial memory are necessary. Enjoying foods and beverages, savoring them with pleasure, with time, with dedication. The wine taster is not born; he is made. Pierre Poupón said that wine-tasting was like reading a book phrase-by-phrase, in order to capture all that it contains. Wine-tasting is like listening to a concert in the deepest state of absorption; it is contemplating a work of art, a painting, a sculpture or a monument, allowing oneself to be impregnated with its forms and colors. It is also opening one´s eyes to the marvelous spectacle of Nature, feeling one´s body relax on the sand of a sun-drenched beach and being conscious of oneself and of the universe. To sum it up, knowing how to taste a wine is knowing how to live

Los grandes vinos tintos se toman un tiempo para llorar en la copa. Este mosto de Malbec de Tunuyán, Mendoza, es muy joven aún para fluir suavemente. Sus lágrimas sanguíneas se secan sobre el cristal mostrando la concentración y madurez de las uvas que le dieron vida.

Great red wines take time before they can make tears run down the inside of a glass. This new "must" of Malbec wine from Tunuyán, Mendoza, is still too young to flow with such full consistency. Its bloody tears dry on the crystal surface, showing the concentration and ripeness of the grapes that gave it life.

Al girarlo en la copa, humedeciendo sus contornos, un buen Malbec se desliza delicadamente dejando sobre las paredes piernas o lágrimas que afirman la presencia de glicerol, un constituyente natural que produce untuosidad y redondez.

When the glass is swirled and the inner walls are wetted with the wine, a good Malbec will flow delicately about and leave legs or tears on the glass´ interior. These are evidence of glycerol, a natural constituent that produces an oily texture and roundness.

La Venencia. Antiguamente, esta especie de pipeta era de bigote o barba de ballena. Flexible y cimbreante, tenía un recipiente cilíndrico en uno de sus extremos, que servía para extraer el vino de toneles, odres o botas para trasegarlo a la copa. Su nombre proviene de avenenciar que, antiguamente, significaba llegar a un acuerdo cuando se hacían tratos de compra o venta de partidas de vinos en las bodegas. Para festejar ese acuerdo se brindaba con el vino extraído de las botas con la venencia. El operario diestro se llama venenciador. Hoy los encargados de venenciar el vino en las bodegas son, generalmente, los enólogos, responsables de vigilar todo el proceso de fermentación y añejamiento en barricás mediante la cata periódica. Las venencias modernas se asemejan a las pipetas y se fabrican de vidrio o acero inoxidable. En Argentina el instrumento se conoce como "venencia".

The "Venencia" Originally, in ancient times, this kind of pipette was a hair from a whale's moustache or beard. Pliant and supple, it had a cylinder-shaped container at one end that was used to extract wine from the barrels, wineskins, or boots in order to transfer the beverage to a glass. The name of this instrument comes from the verb "avenenciar" which historically once meant "to come to an agreement," as a result of negotiations in the cellars for the buying or selling of a wine lot. To celebrate their agreement, it was customary for both parties to make a toast with the wine, and they would have some of it drawn with the "venencia". A special expert performed this act – the "venenciador". Today, the persons who are to "venenciar" the wine in the cellars are, generally, the same wine-makers who are responsible for the entire process of fermentation and barrel-aging. They still use this unique instrument for the frequent tasting they have to do. Modern "venencias" are similar to pipettes, though now they are made either of glass or of stainless steel. In Argentina, it is pronounced "venecia."

POR/BY LIC. ÁNGEL MENDOZA

Descripción sensorial del
SENSORIAL DESCRIPTION OF
Malbec

Foto: Orlando Pelichotti

De un Malbec es necesario enamorarse a primera vista. Debe mostrar un color brillante, profundo, oscuro, casi negro. Con matices bordó, estables durante sus primeros cuatro años de maduración, para tornar luego muy levemente al rojo rubí durante los siguientes cuatro años. La seducción comienza con sus típicos aromas dulces de frutos negros -mora, ciruela o guinda- frescos, en mermelada o secos. Algunos terruños se expresan por un intenso aroma de flores rojas y de violetas. Otros exaltan aromas salvajes de trufa, cuero, grafito, carne ahumada o añoso bosque húmedo. Con la crianza en madera la intensidad aromática aumenta por los sabores del roble: vainilla, coco, clavo de olor, café tostado, chocolate negro, manteca tostada o pimienta negra. Estos aromas nunca deberían sobresalir sobre el carácter varietal.

En la boca surge un romance o enamoramiento. Al ataque, en la punta de la lengua, es moderadamente seco, insinuante en su calidez cuando el alcohol supera el 13,5%. Al paso de la boca muestra su baja acidez y cuerpo generoso, se abre impregnando toda la lengua y el paladar expresando la fineza de sus aromas y bouquet. En el final de boca, como soberbia sinfonía química, llegará todo lo distinguido de un gran Malbec: sus taninos amables, amplios, algo dulces y medianamente secos; su volumen y calidez; su aterciopelada estructura y su natural suavidad y encanto. Las caudalías, o segundos que persisten en boca las sensaciones que deja un vino después de ser tragado, son prolongadas: entre 5 y 10. Un gran Malbec siempre motiva a sugerir un segundo sorbo para continuar con el placer. A veces, el contenido de una botella no alcanza cuando se lo disfruta en pareja, con amigos o seres queridos o al sellar un buen negocio. Esa es la magia del Malbec, tiene el calor y la hospitalidad de los vinicultores que lo elaboran.

With Malbec, the relationship has to be one of "love at first sight." The first glimpse of its gleaming color – deep, dark, almost black – should sweep you off your feet. Its shades of burgundy, stable during the first four years of ripening, will very slowly turn ruby red over the following four years. It seduces you starting with its typical aromas of dark fruits – blackberries, plums, or sour cherries – be they fresh, in jams, or dried. Some soils express themselves in an intense aroma of red and purple flowers. Others exalt more primitive aromas like those of mushrooms, leather, graphite, smoked meat or an ancient wet forest. In the case of aging in wood barrels, oak enhances the wine's aromatic intensity: vanilla, coconut, cloves, roasted coffee, dark chocolate, toasted butter or black pepper. These aromas should never overwhelm the varietal character.

In the mouth, the romance swells and expands. On first contact, at the tip of the tongue, this wine is moderately dry and only insinuates its warmth when the alcohol percentage passes 13.5%. On entering the mouth its feel shows low acidity and ample body; it opens then and blossoms on the tongue and pallet, expressing the fineness of its aromas and bouquet. Its finish, like an accomplished symphony of elements, rises to the heights of all great Malbecs: its kind tannins, ample, slightly sweet and moderately dry; its volume and warmth; its velvety structure and its natural softness and enchantment.

The "caudalias" – or the number of seconds the mouth sensations persist after swallowing the wine – are generous: between 5 and 10 seconds long. A great Malbec always invites one to take a second sip, to continue enjoying its sensations. Sometimes, one bottle isn't enough when it is part of the pleasure of being with one's spouse, friends or loved ones, or celebrating a successful business deal. That is Malbec's magic; it contains the warmth and hospitality of the vintners that have made it.

Cada dos años se realiza en Mendoza el prestigioso concurso internacional "Malbec al Mundo", organizado por el Centro de Licenciados en Enología y en Industria Frutihortícola de la República Argentina (CLEIFRA), con el apoyo de la Organización Internacional de la Vid y el Vino (OIV). Renombrados expertos argentinos y del exterior acuden a degustar y calificar más de 150 muestras provenientes de diferentes países. Argentina aporta la mayoría de las piezas concursantes y es tradición que sus Malbec obtengan las mejores distinciones. La elegante y antigua casa del Museo Nacional del Vino y la Vendimia, en la localidad de Maipú, fue anfitriona del evento en Noviembre de 2002.

Every two years, the international competition "Malbec to the World" is held in Mendoza. This prestigious event is organized by the Center of Licensed Oenologists and Frutihorticulturalists of the Argentine Republic (CLEIFRA, el Centro de Licenciados en Enología y en Industria Frutihortícola de la República Argentina), with support from the International Vine and Wine Organization (OIV, la Organización Internacional de la Vid y el Vino). Renowned experts from Argentina and from abroad come together to taste and judge more than 150 samples from countries all over the world. Argentina provides the majority of the products in the competition, and Argentine Malbec wines have traditionally come away with the laurels for the highest distinctions. The elegant antique house that is home to the National Wine and Wine Harvest Museum, in the town of Maipu, hosted the event in November of 2002.

Los expertos realizan las catas y obtienen conclusiones basándose en sus conocimientos, en su experiencia y en sus ejercitadas percepciones sensoriales. Los simples entusiastas podemos apreciar un buen vino siguiendo tres reglas básicas: buena predisposición de ánimo, un poco de concentración y mucha confianza en tres de nuestros sentidos: vista, olfato y gusto, en ese orden. Es cuestión de atreverse y gozar de las tonalidades, los aromas y los sabores del Malbec argentino y adquirir la experiencia para disfrutar –cada vez más- de uno de los varietales más prestigiosos del mundo.

The experts do the tasting and come to their customary technical and scientific conclusions, based on their knowledge, experience, and practiced sensorial perceptions. On the other hand, common enthusiasts like you or I can appreciate a good wine following three basic rules: a positive attitude, a smidgeon of concentration and a good bit of trust in our own senses of sight, smell, and taste – in that order. It's a matter of opening up to the challenge and to the pleasure of the tones, the aromas and the flavors of Argentine Malbec so that one can become experienced enough to enjoy – more and more – one of the most prestigious varietal wines in the world.

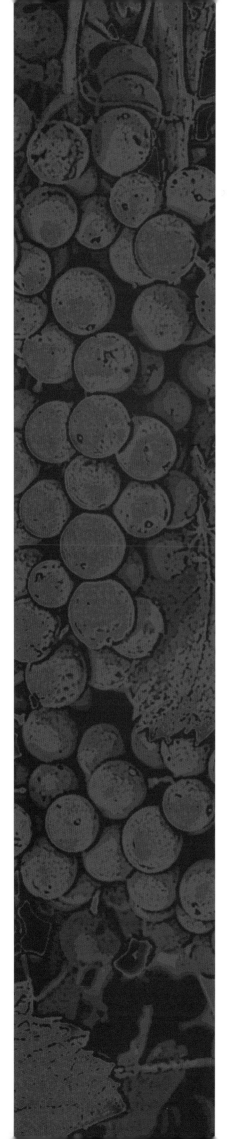

Los nuevos Malbec argentinos criados en barrica, tienen características más marcadas que los que se estacionan en tonel. Su añejamiento promedio es de 6 a 9 meses. Pero son la experiencia y la creatividad del enólogo las que determinan el tiempo que permanecerá el vino en la madera. La bodega Catena Zapata, en Agrelo, Mendoza, preserva una numerosa colección de barricas de primer uso en su cava de diseño semicircular.

Después de cinco años un Malbec estará complejo y concentrado y su afianzado bouquet invitará a descorcharlo. Los enólogos suelen separar partidas de vinos de cada cosecha para guardarlas prolongadamente y así, conocer la evolución que realizan sus productos a través de largos períodos de tiempo.

Los enólogos controlan la evolución de sus vinos desde que éstos son, apenas, caldos en fermentación. Un mosto joven, con pocos días de proceso en tanque de acero inoxidable y aún turbio, muestra su opaco color rojo y mancha la copa dejando gruesas marcas de sólidos en suspensión. Faltan meses para que este jugo de uvas Malbec pueda considerarse un vino en toda su expresión.

The new Malbec's of Argentina, aged in barrels, have more marked characteristics than those that have aged in casks. The new wines' average aging time is six to nine months. But it is the experience and the creativity of the wine-maker that determines how long the wine is to remain in a wood container. The Catena Zapata winery, in Agrelo, Mendoza, keeps their large collection of first-stage barrels in a cave with a semi-circular design.

After five years, a Malbec will have achieved complexity and concentration, and its firmly set bouquet will invite you to uncork it. Wine experts usually separate out lots of the wine from each harvest to store longer. In this way, they learn about the evolution that their products will go through over greater periods of time.

Wine makers keep track of the evolution of their wines from the time they are juices just beginning to ferment. A young must, with very few days of processing in a stainless steel tank, and hence still cloudy, displays its opaque red color and stains the glass with thick marks of solids in suspension. Months remain for this juice made from Malbec grapes to become a wine in its fullest expression.

Cristina Pandolfi de Fernández.

Ingeniera Agrónoma - Subgerente de Estadísticas y Asuntos Técnicos Internacionales.
Instituto Nacional de Vitivinicultura - Jurado Internacional de Vinos
Agricultural engineer – Deputy Director of Statistics and International Technical Matters,
National Vitivinicultural Institute – International Wine Juror.

El Malbec expande su terruño argentino
Malbec expands its Argentine home

Sin lugar a dudas, el Malbec es el vino tinto argentino por excelencia y constituye, por su singularidad, un tipo distintivo de nuestra producción vinícola. Se caracteriza por no reproducir las mismas bondades enológicas en todas las regiones de cultivo debido a su comportamiento, muy diferente frente a diversas condiciones agro-ecológicas. Al encontrar su hábitat óptimo en nuestro país -y muy especialmente en la provincia de Mendoza- sus condiciones son particularmente especiales como materia prima para la vinificación. Como resultado, los Malbec producidos en Argentina se destacan por ser una perfecta conjunción de las condiciones de la zona de producción (terruño), del cepaje, del manejo del cultivo y de la tecnología de elaboración, lo cual, permite obtener vinos realmente característicos, de excelente calidad y de gran tipicidad dentro del conjunto de la producción nacional. Mundialmente, se diferencian por su originalidad, siendo incluso superiores en calidad a los que se obtienen de la misma variedad en su región de origen y en otras regiones del mundo. Sus notas de cata más relevantes son: color rojo rubí intenso con tonos violetas, aspecto muy atractivo, aroma frutado, predominando la ciruela y los frutos rojos y, en boca, muy buena estructura y concentración, con taninos suaves, sabor dulzón característico y adecuada acidez; lo cual es más notorio en los vinos elaborados con uvas de viñedos ubicados en las zonas de mayor altitud sobre el nivel del mar.

Es un excelente vino para guarda que día a día goza de mayor prestigio y reconocimiento internacional. Se amalgama muy bien con un toque de madera, contribuyendo ésta a su redondez y complejidad. Por su suavidad, taninos no agresivos, sabor frutado y la armonía general que presenta al beberlo, es muy agradable a la fina sensibilidad del paladar femenino.

Without a doubt, Malbec is the Argentine red wine par excellence, and constitutes, by its very singularity, a distinct type that is ours alone in wine production. It has the characteristic of not reproducing the same oenological virtues in all the regions where it is grown because it responds in different ways to different agro-ecological conditions. On finding its optimal habitat in our country – and specifically in the province of Mendoza here – it offers particularly special conditions as raw material for the making of wine. The result is that the Malbec wines produced in Argentina stand out because they are a perfect combination of the conditions in the area of cultivation (the native soil), the grapevine stock, the farming methods, and the wine-making technology that allows for the production of wines that are truly characteristic, with excellent quality and great uniqueness in the broader context of domestic production.

Globally they distinguish themselves by their very originality, whereby one Malbec can attain superior quality even over others of the same varietal in its region of origin and in other regions of the world. Its most relevant wine-tasting attributes are: an intense ruby-red color with violet overtones, a very enticing visual appeal, a fruity aroma in which plum and red berries predominate, and presenting very good structure and concentration in the mouth, with soft tannins, a characteristic sweetish flavor and adequate acidity, all attributes that are noteworthy in wines elaborated from grapes grown in vineyards in high altitude zones well above sea-level.

It is an excellent wine to store away and each day it enjoys greater prestige and international recognition. It fuses well with a touch of wood, which contributes to its roundness and complexity. Because of its softness, its non-aggressive tannins, its fruity flavor and the general harmoniousness it presents when tasted, it is very agreeable to the finer sensibilities of a woman's palate.

El Anfiteatro Frank Romero Day, con la cordillera de los Andes como telón de fondo, hierve de gente (más de 100.000 personas) ávida de disfrutar de los espectáculos de luz y sonido, las tonadas mendocinas que suenan día y noche y las danzas folklóricas que culminan en la elección de la Reina de la Vendimia.

The Frank Romero Day Amphitheatre literally spills over with people (over 100,000 are in attendance usually), all eager to enjoy the light and sound shows, the rhythms of Mendoza ringing out day and night, and the folkloric dances culminating in the election of the year's Harvest Queen.

Turismo
Options for the Tourist

El país del Malbec

THE LAND OF MALBEC WINE

LA ARGENTINA OFRECE ATRACTIVAS Y
VARIADAS OPCIONES DE TURISMO ENOLÓGICO
ARGENTINA OFFERS A VAREITY OF ATTRACTIVE
OPTIONS FOR A WINELOVER´S VISIT.

TEXTO | TEXT BY MARÍA DEMICHELIS

Mendoza

Siempre fue un plato turístico fuerte. Tiene el encanto de sus ciudades plenas de tradición, e historias de héroes y pioneros que plasmaron su carácter; una geografía generosa que no escatima en montañas, nieve, valles fértiles y ríos correntosos que invitan a los deportes de aventura. Andinismo, rappel, rafting, mountain bike, parapente y aladeltismo integran el menú perfecto para los amantes de pruebas extremas. Como complemento, Mendoza ofrece la opción del turismo salud y ecológico en el marco de los Parques Provinciales. Existen vertientes de agua mineralizadas y cálidas en Luján de Cuyo y Malargüe, aptas para relajar cuerpo y alma. En tren de disfrutar de la tierra del sol y de las uvas, basta poner proa hacia la capital, recorrer la ciudad a ritmo pueblerino para gozar de sus inagotables atractivos y después elegir la ruta etílica que más le plazca. Siempre acertará. En Mendoza, todos los caminos conducen al buen vino Malbec.

La capital

Al pie de la precordillera, custodiada por montañas, desiertos y valles, la capital del vino, que ganó fama de ser la más linda del Oeste argentino, derrocha viñedos, frutales, acequias refrescantes, multiplicidad de verdores. A Mendoza le sobran árboles (hay uno cada diez habitantes) y orgullos. Nadie le roba la gloria de haber sido punto de partida de la gesta libertadora, y es de sus primeros inmigrantes el mérito de convertir un desierto en este vergel productivo,

This province has always been a strong tourist attraction. It has all the charm of its tradition-filled cities and the legendary stories of the heroes and pioneers that gave this part of Argentina its unique character. In addition to that, it boasts an expansive landscape abounding in mountains, snow, fertile valleys, and wild-running rivers that lend themselves to adventure sports. Hiking, rappelling, rafting, mountain biking, sky-diving and hang-gliding are on Mendoza's perfect list for those who love testing their limits.

As a further option, Mendoza offers visitors the chance to take advantage of health-minded eco-tourism in the context of its State Parks. There are mineral hot springs in Lujan de Cuyo and Malargue, perfect for relaxing both body and soul. To enjoy this land of sun and grapevines to the full, all one has to do is head for Mendoza's capital and tour the city at a small town's leisurely pace: there's no end to its attractive pleasures. Then one can choose any wine country road and not go wrong. In Mendoza, all roads lead to fine Malbec wine.

The Capital City

Nestled at the foot of the Andean sierras, guarded over by mountains, deserts, and deep valleys, the capital city of wine – famed as the prettiest city in Argentina's vast west – is flush with vineyards, fruit orchards, refreshing irrigation canals, an infinity of nature sites. Mendoza abounds in trees (there's one for every person who lives here) and in pride. No one can steal the limelight away from this province because here the spark for national independence first shone and the movement for freedom began. And it is where the early immigrants showed their deep enduring worth: they transformed a desert into the

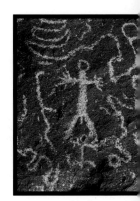

FOTOS: CECILIA LUTUFYAN Y JULIE BERGADA

a fuerza de trabajo arduo y mucha imaginación. A los que quieren una cuota de vida urbana, la ciudad les reserva recitales, óperas y conciertos en el Teatro Independencia, ubicado en la plaza homónima donde se destaca el Hotel Park Hyatt. Y en el subsuelo de la Subsecretaría de Turismo, se instala el Mercado artesanal donde se pueden admirar las maravillas hechas por descendientes de huarpes: mantas, ristros de lana de oveja, cestería precolombina. Mendoza también cuenta con un variado repertorio gastronómico. A la hora de comer no faltan restaurantes, bares y vinotecas donde saciar el hambre *gourmet*. Para gozar de un menú telúrico y escuchar buen folklore está El Palenque: sus empanadas no tienen rival. A ritmo de rumba flamenca y tapeo, en la esquina de la Plaza España, La Tasca nuclea a turistas ocasionales, intelectuales y bohemios. Y en las afueras, el restaurante 1884, de Escorihuela, en Godoy Cruz, propone carta irresistible diseñada por Vanina Chimeo, discípula fiel de Francis Mallmann. Si pasa por Chacras de Coria, tenga en cuenta dos restaurantes que se llevan las palmas: La Querencia, por sus regionalismos, (locros, pasteles) y La Piadina, por sus platos de inspiración italiana. Para el momento de las degustaciones de vino, vale darse una vuelta por Azafrán, donde tintos y blancos comparten protagonismo con exquisiteces comestibles. Más nuevos son Central, que ofrece vinos de bodegas pequeñas, y 180 Copas y Vinos, local ideal para acopiar novedades y además apuntarse a clases de degustación.

fruitful garden it is now, with their own hard work and imagination.

For those visitors who like the urban lifestyle, the capital city offers recitals, operas and concerts in the Independence Theatre, located in the plaza of the same name, near the magnificent Park Hyatt Hotel. And in the basement below the Under-Secretary for Tourism, there is an arts and crafts market where one can admire the marvelous products created by the descendants of the Huarpe Indians: blankets, skeins of wool, and pre-Colombian ceramics.

Mendoza also has a spectrum of gastronomic delights. At mealtime, there's no shortage of restaurants, cafés, and wine-bars to satisfy a true gourmet's expectations. To eat rustic food and hear great folk music, El Palenque is the choice: their meat pies (empanadas) are the best than can be found anywhere. To the rhythms of flamenco's rumba melody and stamping boots, at the edge of the Spanish Plaza, La Tasca brings together tourists, intellectuals, and bohemians. And just outside of the city, in Godoy Cruz, there is 1884, Escorihuela´s restaurant, with an irresistible menu created by Vanina Chimeo, a faithful disciple of famed chef Francis Mallmann. If a visit to Chacras de Coria is on the agenda, then one must take note of two prize-winning restaurants: La Querencia, famed for its regional dishes (the stew called "locro" and fried sweet dumplings called "pasteles"), and La Piadina, for its inspired Italian cuisine. For wine-tasting, one cannot miss stopping in at Azafran where white and red wines share the spotlight with the most exquisite delicacies. Newer wine-bars are strong rivals as well: Central features products from small wineries, and 180 Copas y Vinos is the ideal place to find out what´s new on the market and to get in a few wine-tasting classes, too.

Valle de Uco

Por la ruta internacional a Chile se llega hasta Potrerillos, un paisaje de casas pintorescas y calles delineadas por trincheras de álamos, más la cresta de los cerros, atrás. Pasando la Villa del Sol se abre un camino largo que cruza los cuchillos montañosos, atravesando lomadas suaves de alfalfa y cebada, y estancias florecientes en la última década del siglo XIX. Y donde terminan las pasturas, empieza el descenso hacia el Valle de Uco. Al llegar al km 43, despunta la paquetísima estancia Chateau d'Ancon, dominada por el volcán Tupungato. Cuando comer se haga urgencia, un rosario de bares y restaurantes en la calle Belgrano se encargará de tranquilizar el estómago: vino y picadas es la consigna.

Valle de Uco

The international highway from Argentina to Chile leads to Potrerillos, a charming town of picturesque houses and streets lined with rows of poplar trees, all against the backdrop of the impressive Andean foothills.

Past Villa del Sol one can take a long road that crosses the mountain peaks and passes rolling hills, fields of alfalfa and barley, and flourishing ranches that had their start as far back as the 19th century. Where the grasslands end, the descent down into Valle de Uco begins. At Kilometer Number 43, the gorgeous Château d'Ancon country estate rises into view, overshadowed by the impressive volcano Tupungato. When mealtime comes, a dozen or more cafes and restaurants on Belgrano Street can take care of any size hunger: wine and platters of edible delicacies are the order of the day.

Mendoza rural

RECORRERLA ES CLAVE PARA CONOCER LA VIDA RURAL MENDOCINA Y SUMARSE A UN PROGRAMA DESESTRESANTE QUE INCLUYE GOZAR DE LA CALMA CAMPESTRE, DE CARA A LAS VIÑAS

Posada Salentein. Alto Valle de Uco. Tel.: (0261) 423-8514. E-mail: info@salenteintourism.com. En Buenos Aires, tel: 4776-6222. A 100 km de Mendoza ciudad, y con vista al Cordón del Plata. La posada, rodeada de viñas, aparece en un claro entre arboledas añosas, y es una invitación a la mansedumbre campestre. De sobria ambientación, cuenta con amplias y comodísimas habitaciones, chimenea que entibia los crudos días invernales y un comedor donde se sirven delicias simples, caseras, y se prueba el vino de la casa: un *coupage* especialmente elaborado para los huéspedes. Desde la posada, se realizan cabalgatas y caminatas en la Finca San Pablo. La visita a la bodega (en forma de cruz, con barricas de roble francés y americano y una mega sala de degustación) es capítulo obligado al que nadie se niega.

Baquero 1886. Coquimbito. Tel.: (0261) 15-560-2897. E-mail: baquero@arnet.com.ar. Primero, el antiguo palacete familiar fue B&B; después, la casa de los hermanos Grisi y Marcelo Baquero extendió sus reformas. Se recicló un rancho que está en la propiedad para brindar hospedaje junto a las viñas, al abrigo de paredes de adobe. Tiene un cuarto doble, dos simples y dos baños (no privados), más living con chimenea, comedor, cocina, una amplia galería que da al parque y una pileta de natación.

Residencia Terrazas de los Andes. Thames y Cochabamba, Perdriel, Luján de Cuyo. Tel.: (0261) 488 0058, fax: (0261) 488 0614. E-mail: visitor@terrazasdelosandes.com / cmacaya@terrazasdelosandes.com.ar. Construida en 1898 y restaurada con criterio en 1996, en Bodega Terrazas de los Andes, ubicada en el corazón de Perdriel, –al pie de la Cordillera de los Andes– se conjugan la tradición artesanal del siglo XIX y la tecnología moderna, creando un balance perfecto entre pasado y presente. Ubicada en un sitio privilegiado, rodeada de jardines, la residencia cuenta con nueve habitaciones amplias, repartidas en dos casas distintas y equipadas con todo lo necesario para sentirse "como en casa".

Posada Salentein. Location: Alto Valle de Uco. Telephone Number: (0261) 423-8514. E-mail Address: info@salenteintourism.com. In Buenos Aires, call: 4776-6222. This inn is 100 kilometers from the city of Mendoza, and has a view of the series of Andean mountain peaks called the "Cordón del Plata." Surrounded by grapevines, the inn itself emerges in a wooded clearing among age-old trees, and it is an open invitation to the peace and quiet of country living. Decorated with simplicity, its rooms are spacious and very comfortable, each one with a fireplace that warms up even the coldest winter days. The ample dining room is the setting for simple, home-cooked delicacies, and one can also have a taste of the house wine: a "coupage" made especially for the guests. The inn offers horseback-riding and hiking excursions to the Finca San Pablo wine cellars. The visit to this winery (constructed in the form of a cross, with its wine barrels made of French and North American oak, and a huge wine-tasting salon) is an experience no one can afford to miss.

Baquero 1886. Location: Coquimbito. Telephone Number: (0261) 15-560-2897. E-mail Address: baquero@arnet.com.ar. At first the antique patrician estate home was a Bed & Breakfast, but later this former residence of the Baquero siblings, Grisi and Marcelo, was expanded as well as refurbished. The ranch house on the property was restored in order to provide accommodations right beside the vineyards, warmly protected by rustic adobe walls. It offers one double room, two singles, and two shared bathrooms, plus a living room with a fireplace, a dining room, kitchen, and a generous porch overlooking the garden area and swimming pool.

Residencia Terrazas de los Andes. Thames St. at Cochabamba St., Perdriel, Luján de Cuyo. Tel.: (0261) 488 0058, fax: (0261) 488 0614. E-mail: visitor@terrazasdelosandes.com / cmacaya@terrazasdelosandes.com.ar. Originally built in 1898 and tastefully renovated in 1996, at Bodega Terrazas de los Andes, located in the heart of Perdriel -- and at the very foot of the great mountain ridge --, the tradition of 19th century craftsmanship and the advancements of ultra-modern technology are brought together in a perfect balance of past and present. Nestled in the center of the winery and surrounded by gardens, the residence offers its guests 9 rooms in 2 separate houses, stocked with all the comforts of home.

Chateau d'Ancon. Tupungato. Tel.: (0261) 420-0037/ 429-5035.
E-mail: bombal@arnet.com.ar. En la Web: www.estanciancon.com.
Esta residencia señorial fue construida en 1933. En su interior, se destacan un gobelino de Flandes, la biblioteca; el bar inglés y el solemne comedor. Las cinco habitaciones son cómodas y espaciosas. Puertas afuera, además del parque con el sello Thays, se imponen la magnificencia del Cordón del Plata, y el verde del valle de Tupungato con sus viñedos. Comanda el *chateau* la incansable Lucila Bombal, quien además atiende la tarea de hacer vino en la propiedad. Hay caballos a disposición de los huéspedes.

Los Alamos. San Rafael. Tel.: (02627) 44-2350.
E-mail: fincalosalamos@uolsinectis.com.ar.
A 10 km de San Rafael, el mágico casco de adobe de 1830, reúne ecléctico mobiliario de época. En Los Alamos, figuras relevantes de las letras y de las artes plásticas dejaron su huella. Hay frescos de Basaldúa, carbonillas del maestro Soldi, y hasta un poema de Borges -de puño y letra- estampado en una pared. La comida casera y los desayunos deliciosos, abonan la lista de placeres de la finca. Rodean la propiedad viñedos y plantaciones de árboles frutales.

Chateau d'Ancon. Location: Tupungato. Telephone Number: (0261) 420-0037/ 429-5035. E-mail Address: bombal@arnet.com.ar. Website: www.estanciancon. com. This patrician residence was constructed in 1933. Inside it boasts an actual Flemish gobelin, a library, an English-styled bar and sober dining room. Its five guest rooms are comfortable and spacious. In addition to the garden in the style of famed historical landscape architect Thays, the grounds offer a visitor both the magnificence of the mountain peaks of the Cordón del Plata and the deep green of the Tupungato valley with its vineyards. The *chateau* itself operates smoothly under the tireless command of Lucila Bombal, also the establishment's expert wine-maker. One last detail: all guests have free access to the inn's own horses.

Los Alamos. Location: San Rafael. Telephone Number: (02627) 44-2350. E-mail Address: fincalosalamos@uolsinectis.com.ar.
At a distance of 10 kilometers from San Rafael, this magical adobe country estate dates back to 1830 and features the eclectic furnishings of that period. At Los Alamos, one can feel the presence of bygone personalities of literary and artistic fame: there are frescoes by Basaldúa, charcoal sketches by Soldi, and even a poem by Borges – written by hand – printed on a wall. The home-cooked food and breakfasts are delicious and abound in a list of pleasures from the establishment's own little farm. The property is surrounded by vineyards and orchard groves.

Fotos: Cecilia Lutufyan y Julie Bergada

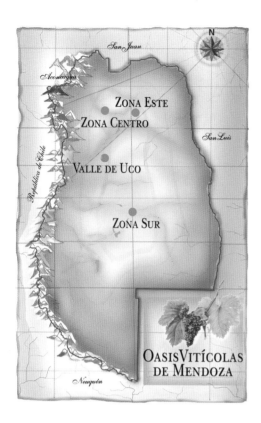

OasisVitícolas DE MENDOZA

Las regiones y la apuesta turística

MENDOZA ZONE-BY-ZONE AND TOURIST OPTIONS

IF WINE – AND ESPECIALLY MALBEC WINE – IS THE MOTIVATING FACTOR BEHIND ONE'S VISIT TO MENDOZA, THEN ONE MUST THINK OF THE PROVINCE AS DIVIDED INTO 5 DISTINCT REGIONS:

The first 3 are in the surrounding areas near the province's capital city. They are comprised of a large number of wine-making establishments built on land that has been plowed by the Mendoza River: top quality hotels and wine cellars that make truly great wines. The so-called First Zone is the birthplace of the Malbec varietal wine, and it is also this wine's "D.O.C." (in English its "Certified Appellation of Origin"). This zone was where that category, now used nation-wide, got its first start. In Lujan de Cuyo (where, in addition to the tours for wine-lovers, there is a must-see museum, the Guiñazú-Fader House, holding one of the finest collections of paintings by the famed Argentine painter of that name), one should visit the Escorihuela wine-cellars (among the oldest in the province, and boasting a permanent collection of paintings), as well as these other wine-making sites: Santa Ana; Viña El Cerno; López; Trapiche (an obligatory reference point of the wine-roads of Mendoza, with another museum that can't be missed); Cruz de Piedra; Dolium (the only establishment that is entirely underground); Bodega Terrazas de los Andes (that characterizes itself as one of the most organized wineries for tourists to visit); Etchart (which belongs to a large French conglomerate); Norton; Cabrini (famous for its production of Mass Wines); Lagarde; Viña Amalia; Viniterra, (with its wine shop that brings together a complete like of accessories for wine-drinking as well as a

SI SE DEJA GUIAR POR EL VINO Y EN ESPECIAL POR EL MALBEC, LA PROVINCIA SE DIVIDE EN CINCO REGIONES:

Las tres primeras están en las cercanías de la capital provincial, y reúnen gran cantidad de establecimientos vitícolas repartidos en las tierras surcadas por el río Mendoza; hoteles de primera línea y bodegas que elaboran grandes vinos. La llamada Primera Zona es la cuna de esa variedad y su D.O.C. –Denominación de Origen Controlada–, fue la que inauguró esta categorización en el país. En **Luján de Cuyo** (donde, además de los *tours* para enófilos, sí o sí hay que visitar el Museo Guiñazú-Casa de Fader, que atesora una de las mejores colecciones de cuadros del gran artista plástico argentino), recorra las bodegas de Escorihuela (una de las más antiguas de la provincia, que cuenta con una exposición permanente de pinturas); Santa Ana; Viña El Cerno; López; Trapiche –referente obligado en la ruta del vino mendocina–; Cruz de Piedra; Dolium –la única emplazada enteramente bajo tierra–; Bodega Terrazas de los Andes; que se perfila como una de las más organizadas a la hora de recibir turistas; Etchart (perteneciente a un importante grupo francés); Norton; Cabrini, conocida por su producción

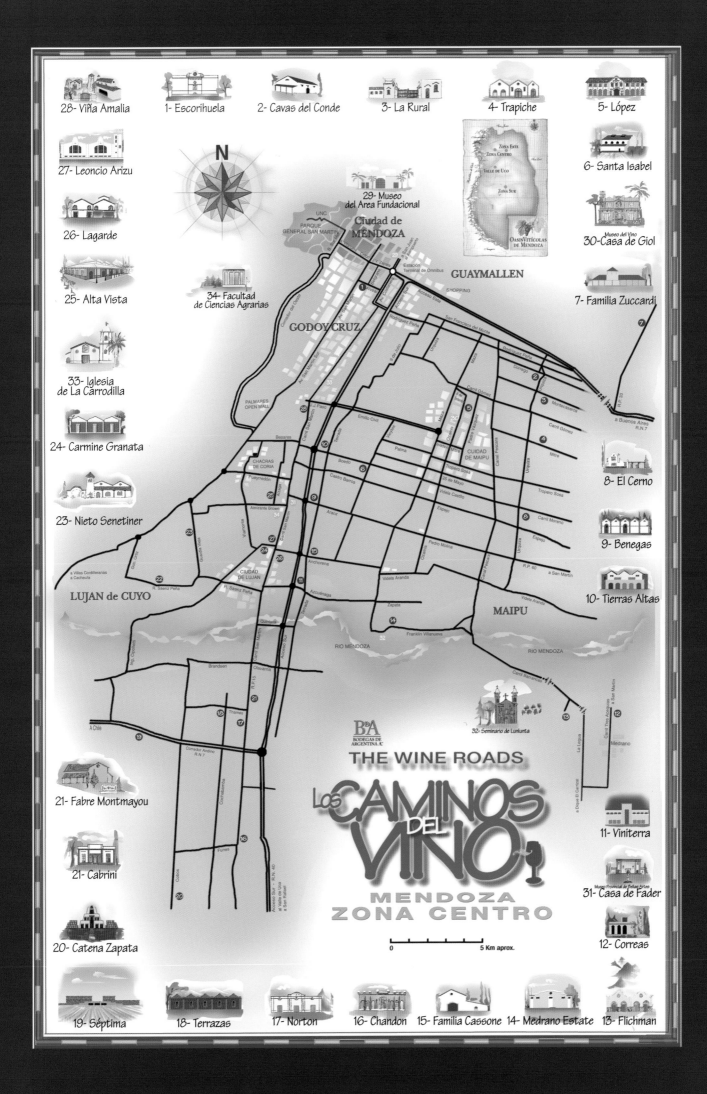

28- Viña Amalia
1- Escorihuela
2- Cavas del Conde
3- La Rural
4- Trapiche
5- López
27- Leoncio Arizu
6- Santa Isabel
26- Lagarde
29- Museo del Area Fundacional
30-Casa de Giol
25- Alta Vista
34- Facultad de Ciencias Agrarias
7- Familia Zuccardi
33- Iglesia de La Carrodilla
8- El Cerno
24- Carmine Granata
9- Benegas
23- Nieto Senetiner
10- Tierras Altas
21- Fabre Montmayou
11- Viniterra
21- Cabrini
31- Casa de Fader
20- Catena Zapata
12- Correas
19- Séptima
18- Terrazas
17- Norton
16- Chandon
15- Familia Cassone
14- Medrano Estate
13- Flichman

THE WINE ROADS
Los CAMINOS DEL VINO
MENDOZA ZONA CENTRO

0   5 Km aprox.

de vinos de misa; Lagarde; Viña Amalia; Viniterra, con su *wine shop* que reúne una completa línea de accesorios para el vino, además de vinos y cigarros; Catena Zapata, bodega perteneciente a Nicolás Catena, pionero en exportar vinos de alta gama; Domaine Vistalba (cuyos propietarios franceses combinan el *savoir faire* de sus orígenes con la tipicidad de estos terruños), Luigi Bosca (la prestigiosa bodega de Leoncio Arizu), Nieto Senetiner, –reducto del buen vino cada vez más aggiornado–, y Pequeña Bodega. Todas reciben visitas, siempre y cuando se avise con anticipación. Muy cerca, en Maipú, vale darse una vuelta por Finca Flichman (donde el espíritu de su fundador, el visionario Don Sami Flichman se mantiene inmutable). Navarro Correas: allí, los sobrinos de Edmundo Navarro Correas, su mentor, continúan con la tradición de elaborar vinos de excelente calidad y por La Rural, templo de la familia Rutini cuyo Museo del Vino es el más importante de Latinoamérica. La **región Este**, abarca Rivadavia, Junín, San Martín y Santa Rosa. Aquí se impone llegarse hasta Bodega Familia Zuccardi –que cuenta con una Casa del Visitante para almorzar y degustar buenos Malbec–, y Viñas de Medrano. La **ruta del Malbec** se extiende hacia al Sudoeste, donde se encuentran San Carlos, Tupungato y Tunuyán. Allí, en el Valle de Uco y sus microclimas de altura, las bodegas Salentein, Lurton y Fapes abren sus puertas cordialmente. Tenga en cuenta la Posada Salentein, una elegante y confortable casona para huéspedes, perfecta para ejercer el enoturismo. Siguiendo la traza imaginaria se llega a una quinta región, la Sur, llena de verdores que contrastan con la naturaleza áspera de otras zonas y donde se ubica San Rafael, surcada por el Río Diamante. Hay que conocer cómo se hace el famoso vino de aquí, otra D.O.C. argentina. Por eso, prohibido perderse las bodegas Balbi; Bianchi (que sigue sumando marcas de *pedigree* a sus clásicos de toda la vida); Suter, Jean Rivier; Roca; Lavaque y Goyenechea (un emprendimiento que ya lleva más de 125 años de vida).

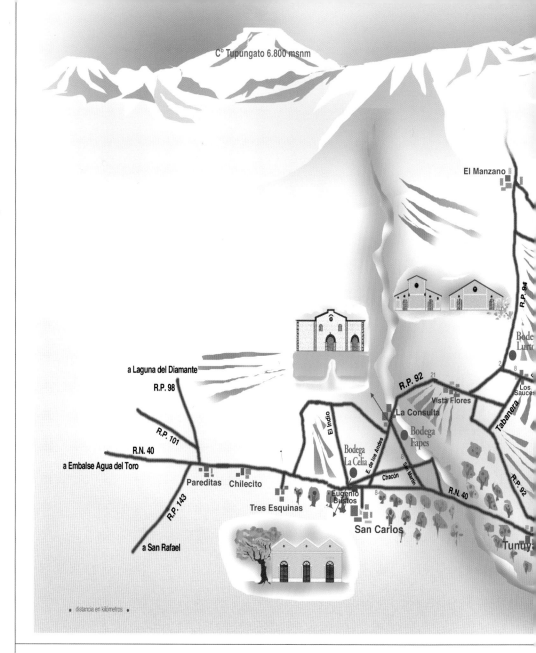

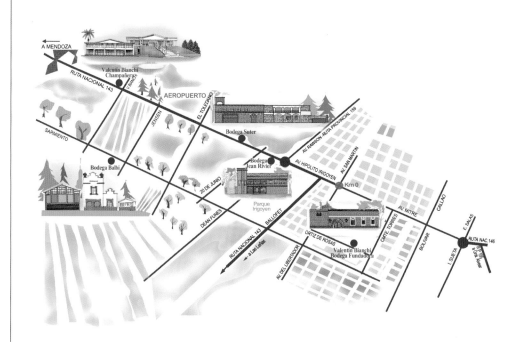

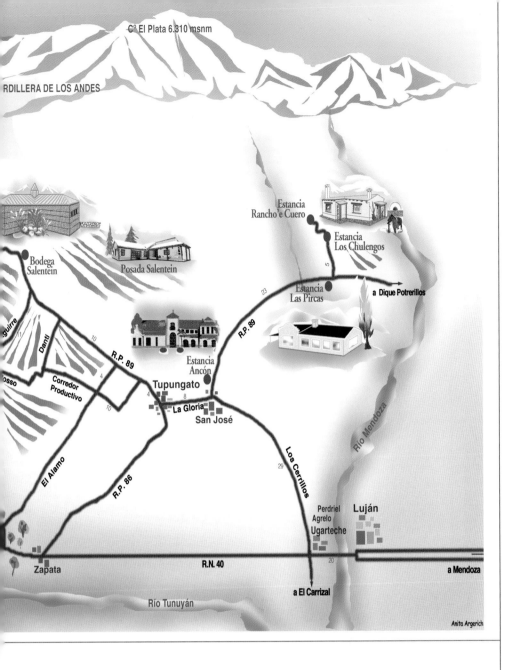

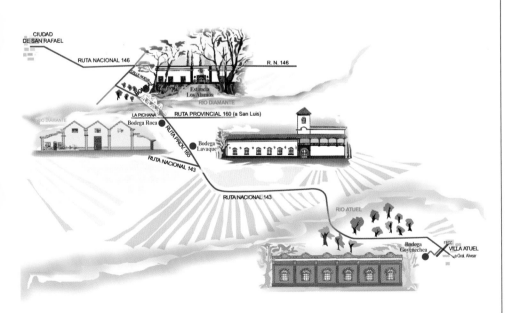

spectrum of wines and cigars); Catena Zapata, Nicolás Catena's wine cellar, pioneers of Argentine premiun wine exports; Domaine Vistalba (whose French owners combine the savoir faire of their national origins with the typical and unique identity this region's land gives to a wine); Luigi Bosca (Leoncio Arizu´s prestigious wine cellar); Nieto Senetiner, –haven of fine wines, with state-of-the-art production-; and Pequeña Bodega. All of these wine-making establishments are open to visits, as long as one has given them advance notice. Not far from the First Zone is the area of Maipu, where one should not miss a visit to Finca Flichman (where the spirit of the establishment's founder, the visionary Mr. Sami Flichman, is still an unchanging influence). Navarro Correas: here, Edmundo Navarro Correas´ nephews, whose uncle was their mentor, continue the family tradition of elaborating excellent wines and to La Rural (veritable temple of the Rutini family whose Museum of Wine is the largest in all of Latin America).

The Eastern Zone covers Rivadavia, Junín, San Martín, and Santa Rosa. In this part of the province, the thing to do is to get as far as Bodega Familia Zuccardi – which has a Visitor´s House for lunch and for a taste of the finest Malbec´s – and to Viñas de Medrano. The wine roads specifically related to Malbec extend towards the Southwest where San Carlos, Tupungato and Tunuyán come together. That is where the valley called the Valle de Uco is, replete with its microclimate ecosystems. Here, the wine-making establishments – Salentein, Lurton and Fapes – open their doors with cordial warmth. It's worth keeping the Posada Salentein in mind, an elegant and comfortable country estate house, refurbished for guests, and the perfect site for wine-tasting tourism.

Continuing along this imaginary line, one reaches the fifth zone, the South, full of lush green areas in a striking contrast to the starker, drier landscape of the other zones. This is where San Rafael is located, with the Diamante River flowing through it. A famous wine is made here, and one cannot miss the experience of coming to know about it, since it is another Argentine wine with a "D.O.C." ("Certified Appellation of Origin"). One must include, therefore, visits to these wineries: Balbi; Bianchi (which continues to score high pedigree points with the line of wines it has always made); Suter, Jean Rivier; Roca; Lavaque; and Goyenechea (an establishment that has already been more than 125 years in operation).

Fiesta de la Vendimia

Cuando llega el verano, y el esplendor de uvas rojas y violetas anuncia la cosecha, la vendimia se convierte en fiesta nacional. Todo comienza la primera semana de marzo, con el desfile de carrozas que trasladan a las más lindas, (no en vano portan título de Reinas), aplaudidas con ímpetu por un público eufórico mientras el gobernador oficia de Baco y recibe las ofrendas de fruta y vino. Después, el Anfiteatro Frank Romero Day, con la cordillera de los Andes como telón de fondo, hierve de gente (más de 100.000 personas) ávida de disfrutar de los espectáculos de luz y sonido, las tonadas mendocinas que suenan día y noche y las danzas folklóricas que culminan en la elección de la Reina de la Vendimia. Para sumar espectacularidad al fin de fiesta, los fuegos artificiales coronan este ritual milenario que celebra la nueva cosecha, el vino que vendrá, la vid y la renovación de la vida.

When summertime comes, and the splendor of red and purple grapes announces harvest time, this activity turns into a national celebration. It all begins during the first week of March, with a parade of decorated floats bearing the prettiest girls as they (not for naught given the title of "queens") are applauded with enthusiasm by a euphoric audience looking on as the Governor plays the role of Bacchus and receives offerings of fruit and wine. Later, with the Andes mountain range as a backdrop, the Frank Romero Day Amphitheatre literally spills over with people (over 100,000 are in attendance usually), all eager to enjoy the light and sound shows, the rhythms of Mendoza ringing out day and night, and the folkloric dances culminating in the election of the year's Harvest Queen. To make the festival's closing an even showier spectacle, fireworks are the crowning glory of this centuries-old ritual that celebrates a new harvest. Also celebrated, of course, are the wine that will be made, and the vine itself, symbolic of the regenerating capacities of life.

Salta

Hospitalaria y cordial, de estirpe americana y tan española a la vez, la provincia del Noroeste es soberanía de valles minerales, desiertos de cardones y ríos cristalinos. Es calma chicha y sol que agrieta la tierra. Montañas y adobe, quena y poncho punzó. Salta también es un convite turístico sabroso que siempre deja con ganas de más. A la hora de armar un recorrido, tenga en cuenta Cachi, a 157 kms. de la capital, un pueblo de calles estrechas y casonas de adobe que no conoce de apuros. Se llega por la Cuesta del Obispo, un camino que impone frenar a cada paso para fotografiar el paisaje. Tampoco puede eludir Molinos, El Dique Cabra Corral, Seclantás, la cuna del poncho salteño.

Dónde alojarse
En la Ciudad: Portezuelo Hotel.

Av. del Turista I. Tel.: (0387) 4310104. A ocho cuadras del centro, con una vista espectacular de la ciudad desde el cerro San Bernardo y un restaurante con atractiva propuesta *gourmet*.

El Molino de Cachi Adentro. A 4 km. del centro de Cachi. Tel.: (03868) 491094. En Buenos Aires: 4803-9399. Viñas escalonadas, una cascada y un río escoltan la encantadora casa colonial construida en torno a un molino de granos del siglo XVII.

Colomé. En la quietud de los Valles Calchaquíes y rodeada de viñedos, la antigua casona, reciclada con criterio, se convirtió en un hotel de lujo.

FOTOS: CECILIA LUTUFYAN

Hospitable and cordial, born of both Spanish and American roots, this Northwestern province is a wealth of valleys bearing mineral deposits, deserts full of thistle, and rivers of water clear as crystal. It's dead calm and sun that scorches the land. Mountains and adobe, the Indian quena flute, and the punzó poncho. Salta is also a flavorful tourist treat that always leaves a visitor hungry for more. For the list of places to explore, one must keep Cachi in mind: at 157 kilometers from the capital city, this little town of narrow streets and adobe houses is a place where the word "hurry" simply does not exist. One goes there by way of Cuesta del Obispo, a road that forces a visitor to stop every step of the way to photograph its views of the landscape. In addition, these other places cannot be missed: Molinos, the dam El Dique Cabra Corral, and Seclantás the birthplace of Salta´s own signature poncho style.

Where to stay. In the city: Portezuelo Hotel. Avenida del Turista I. Telephone Number.: (0387) 4310104. At a distance of 8 blocks from the city center, this establishment boasts a spectacular view of the city from the San Bernardo mountain peak, in addition to a restaurant with succulent gourmet temptations. El Molino de Cachi Adentro. Four kilometers from the center of the town of Cachi. Telephone number: (03868) 491094. In Buenos Aires, call: 4803-9399. Vineyards on steppes, a waterfall, and a river surround the enchanting colonial estate, built by a 17th century grain mill.

Colomé. In the peaceful quiet of the Calchaquíes Valleys, with vineyards all around it, this antique country mansion has been renovated with impeccable style and transformed into a luxury hotel.

In Cafayate – a valley surrounded by mountain chains in the heart of the Calchaquíes valleys, some 1700 meters above sea level – the universe of wines ceases to be confined merely to the torrontés aromatic white wine. Cafayate's white wine is already a product of renown, but the Northern region is making great efforts to expand the spectrum of wines it can offer. There is much fresh impetus that elaborates on this zone's tried and true tendencies.

At Michel Torino, these happy changes amounted to a formalizing of the standing tradition of accommodating travelers in the family's seven-room home: La Rosa (at the crossing of Highways 40 and 68) has three patios, a private chapel, pristine white walls, and a garden full of flowers; it tempts a visitor to stay on and have a bowl of the local locro stew, some meat-pies or corn-pies with the typical flavors of the region.

Other wine-making establishments invite a passer-by to taste their wines, and offer diverse ideas for tourism for the wine-lover. La Banda, Domingo Hermanos, Nanni (inaugurated in 1900, this place possesses one of the best soils in all of Cafayate, and it has taken on a very special challenge: that of elaborating organic wines); Peñalba Frías (Lavaque); San Pedro de Yacochuya (a result of the initiative of Arnaldo Etchart and of the French oenologist Michel Rolland, this establishment is located at the impressive altitude of 2,000 meters above sea level); Cavas de Santa María; Colomé (at 2,300 meters above sea level, this is the oldest wine cellar in the country, founded in the year 1831, and benefiting from the natural gifts of northern Argentina and the talent of the oenologist Randle Johnson, it inspires new moods in Salta's rich soils); the Bodega de Dávalos and the Finca Las Nubes, offering a spectacular view of the Calchaquíes valleys and a comfortable country inn to boot.

Salta copa a copa

En Cafayate –un valle rodeado de cordones montañosos en el corazón de los Valles Calchaquíes, a 1.700 mts. sobre el nivel del mar– el universo de los vinos ya no se agota en el torrontés. El blanco cafayateño es todo un sello, pero el Norte se empeña en ensanchar el espectro enológico. Hay ímpetu y tendencias renovadas en la zona. En Michel Torino, estos felices cambios sirvieron para formalizar la tradición familiar de recibir en su casa de siete habitaciones a los viajeros: La Rosa (en Ruta 40 y 68), con tres patios, la capilla privada, las paredes blancas, el jardín lleno de flores, tienta a quedarse para comer un locro, unas empanadas, o humitas con sabor regional.

Otras bodegas invitan a degustar sus vinos y proponen distintos estilos de turismo enológico. La Banda, Domingo Hermanos, Nanni (inaugurada en 1900, posee uno de los mejores *terroirs* de Cafayate y se impone un exigente desafío: elaborar vinos orgánicos); Peñalba Frías (Lavaque); San Pedro de Yacochuya (iniciativa de Arnaldo Etchart y del enólogo Michel Rolland, ubicada a 2.000 metros de altura); Cavas de Santa María; Colomé (a 2.300 metros, es la bodega más antigua del país, fundada en el año 1831, que, con la impronta del norte argentino y el *touch* del enólogo Randle Jonhson, inspira nuevos aires en los *terroirs* salteños); la Bodega de Dávalos y Finca Las Nubes, con una vista espectacular de los Valles Calchaquíes y una posada confortable.

San Juan

Aunque la provincia cuyana se mantiene al margen de la euforia turística, San Juan seduce por su gente amable, por los paisajes de fábula y los pueblos en los que la noción de tiempo es una ausencia feliz. Si de elegir programa de trata, sepa que Ischigualasto, donde se encuentra el famoso Valle de la Luna, tesoro geológico en el que las formaciones del período triásico dan al territorio un semblante lunar, es imperdible. Otra cita obligada es Barreal, aldea gobernada por casas de adobe y rodeada de acequias y árboles, en el ancho valle que fuera dominio de los indios huarpes. Incluya en el recorrido Rodeo y los baños termales, Calingasta y Los Morrillos, la visita al santuario de la Difunta Correa (ese icono de la religiosidad popular) y una incursión en carrovelismo, en la Pampa del Leoncito. Para sumarse a la movida sanjuanina curiosee Parque de Mayo y la Av. San Martín, donde se ubican los restaurantes, el casino y una feria de artesanías que cobra vida cada domingo. Y si lo suyo es el turismo enológico, apunte que el mejor Malbec sanjuanino se puede encontrar en los valles de Zonda y Tulum, al sur de la provincia.

El clima seco y templado, y una altitud de 600 metros, permiten elaborar una gran variedad de vinos, desde los de mesa hasta los finos y licorosos. La bodega Graffigna, en el departamento de Pocito, es una de las más importantes de San Juan. Por su parte, Finca Las Moras, en Valle de Tulum, (con tecnología cada vez más actualizada y bajo el paraguas de Trapiche, que realizó importantes inversiones en esta bodega), exporta a más de veinte países. También en Valle de Tulum, la bodega de Augusto Pulenta produce tintos y blancos que se distribuyen bajo la marca Valbona, pequeña ciudad italiana de donde es originaria la familia. Además de estos establecimientos, un buen número de bodegas *boutique* reciben a los viajeros; organizan *tours* para recorrer los viñedos e invitan a irresistibles degustaciones.

Dónde alojarse. En la ciudad. Hotel Viñas del Sol. A 10 minutos del centro de San Juan ciudad. Habitaciones amplias, aire acondicionado, pileta y un buen restaurante. **En Barreal. Posada San Eduardo.** Telefax: (02648) 44-1046. Un oasis a 1800 metros, atendido por sus dueños. Habitaciones espaciosas, restaurante, caballeriza, huerta, cancha de paddle y pileta. **En el Dique de Ullum. Bahía de las Tablas.** Tucumán 57 Norte. En Buenos Aires: telefax, 4326-3884. **El Pismanta. Hotel Termas de Pismanta.** Telefax: (02647) 49-7002.

Although this province remains outside the circuits of the region's recent tourist euphoria, San Juan is an attractive option because of its kind people, its fairy-tale landscapes, the adobe houses, fertile valleys, and small towns where the very idea of time is blissfully absent. For the tourist's agenda, there is no shortage of options in this province. Some are aspects that cannot be missed, such as Ischigualasto, where the famed Valle de la Luna (the Valley of the Moon) is found: this is a geological treasure in which rock formations of the Triassic Period give the landscape a lunar feel. Another stop that can't be missed is Barreal, a small town of adobe houses, surrounded by irrigation ditches and trees, in the wide valley that was once the dominion of the Huarpe Indians. It is also worth exploring Rodeo and the thermal hot springs, Calingasta and Los Morrillos, a visit to the sanctuary of "la Difunta Correa" (an icon of popular religious faith), and even trying out wind cars in Pampa del Leoncito. It's easy to jump into the swing of San Juan's urban alternatives: one just has to stroll along Parque de Mayo and Avenida San Martin, where the restaurants and casino are, where an arts and crafts fair takes on vibrant life every Sunday. If the objective is decidedly wine-tasting tourism, then one must take note of the fact that San Juan's best Malbec comes from the valleys of Zonda and Tulum, in the southern part of the province. The dry climate and moderate temperatures, plus an altitude of 600 meters above sea level, allow the area's wine-makers to produce a range of wines, from table wines to the finest and even the most liqueur-like. The wine-making establishment of Graffigna, in the area called Pocito, is one of San Juan's largest. Finca Las Moras, in the valley called Valle de Tulum, (with state-of-the-art technology, continually updated, and with their production under the supervision of the Trapiche brand that made some significant investments in this winery), exports to more than twenty countries. Also in Valle de Tulum, the Augusto Pulenta winery produces red and white wines that they are beginning now to distribute. They have named their brand Valbona, after the small city in Italy that their family is originally from. In addition to these establishments, there is also a healthy number of boutique wine cellars than receive travelers with country folks´ warmth. They even organize tours so that newcomers can explore the vineyards and delight in irresistible tasting sessions.

Where To Stay. In the capital city: Hotel Viñas del Sol. This hotel is 10 minutes from the center of the capital city of San Juan. It has spacious rooms, air conditioning, a swimming pool, and a good restaurant. In Barreal: Posada San Eduardo. Telephone/Fax: (02648) 44-1046. This is an oasis at 1800 meters above sea level, run by its owners themselves. Spacious rooms, a restaurant, horses, a vegetable garden, a paddle-ball court, and a swimming pool. In Dique de Ullum: Bahía de las Tablas. Tucumán 57 Norte. In Buenos Aires, call telephone/fax number: 4326-3884. In Pismanta: Hotel Termas de Pismanta. Telephone/fax number: (02647) 49-7002.

Catamarca

Una puna con más de 200 volcanes; reservas naturales; extensos salares y una imponente cordillera. Pueblos como Tinogasta, con su plaza, su iglesia blanca y ese ritmo de siesta; Belén y Andalgalá, donde el adobe rosado manda. Artesanías en telar diseñadas por creativas hilanderas y una seductora oferta *gourmet* encabezada por el aceite de oliva y los vinos de altura. Catamarca lo tiene todo.

Nueva ruta del vino

Entre los llamados "del Nuevo Mundo", los vinos de altura tienen un importante lugar. Junto a los de Cafayate, los del Norte catamarqueño (en Santa María) componen una nueva e interesante ruta del vino. Partiendo desde el valle de Tinogasta se llega hasta Fiambalá, un angosto trecho ganado al suelo desértico, que hoy derrocha viñedos. Allí, sobre las laderas de los cerros, despuntan las bodegas Frutos de Fiambalá y Cabernet de los Andes, ambas reacondicionando sus centros de visita donde se pueden degustar buenos vinos.

Insoslayables son estos establecimientos, dos de los más importantes productores de vinos de altura: la Bodega Longo (está en Tinogasta y fue fundada en 1967 por don Vittorio), y Finca Don Diego, sobre la ruta 60 en San Pedro (Fiambalá), a 50 km. de Tinogasta, cuyos viñedos descansan a 1.505 metros de altura, en un hábitat completamente natural.

A high mountain plateau with more than 200 volcanoes, nature reserves, extensive salt deposits, and an impressive range of peaks. It features towns like Tinogasta – with its charming town square, white church, and leisurely "siesta" pace – or Belén and Andalgalá, where red adobe constructions predominate. There are woven crafts designed by creative artisans and a seductive spread of gourmet options, with flavorful local olive oil and high-altitude wines at the top of the list. Catamarca has it all.

A New Wine Road

Of those wines called "new world wines," those cultivated at high altitudes command an important position. In addition to those from Cafayate, the wines from the North of Catamarca (in Santa María) make for a new, fascinating wine road to explore.

Leaving from the valley of Tinogasta, one travels out to Fiambalá, a narrow stretch of land stolen away from the arid desert such that, today, it is overflowing with grapevines. There, on the slopes of the mountains themselves, one will find the Frutos de Fiambalá and the Cabernet de los Andes wineries, both with refurbished visitor centers to taste the good wines. These other wine-making establishments are on the must-see list as well: Bodega Longo (which is in Tinogasta and was founded in 1967 by "Don Vittorio") and Finca Don Diego, on Highway 60 in San Pedro (Fiambalá), about 50 kilometers from Tinogasta, with its vineyards at an altitude of 1,505 meters above sea level, in its original and completely natural context.

FOTOS: CECILIA LUTUFYAN

La Rioja

Depara escenarios agrestes y pequeños pueblos en los que aún perduran leyendas de caudillos como Facundo Quiroga y el Chacho Peñaloza. Serranías, quebradas, un patrimonio traducido en iglesias y capillas centenarias. Olivares y viñedos, artesanías y productos regionales. Y una lista de divertimentos: cabalgatas, trekking, mountain bike, pesca, safaris fotográficos, observación de flora y fauna, rallys. La zona vitivinícola más importante de La Rioja está en los Valles de Famatina, al oeste de la provincia. Un lugar que brinda condiciones óptimas para el cultivo de la vid: más de 1.000 metros sobre el nivel del mar; suelos aluvionales; pocas lluvias y una amplitud térmica promedio.

Talampaya

Una inequívoca meca turística es la reserva provincial Talampaya, en el centro sur de la provincia. Este parque fue creado para resguardar importantes yacimientos arqueológicos y paleontológicos, enmarcados en un paisaje de inefable belleza. Para llegar hay que recorrer 207 kilómetros desde la capital de La Rioja, pero los profundos cañones, los valles poblados de curiosas figuras talladas por la erosión, los coloridos estratos sedimentarios, bien justifican el periplo.

La Riojana Cooperativa

Fundada en el año 1940, está emplazada en el departamento de Chilecito. Produce, combinando técnicas tradicionales y la más avanzada tecnología, 45 millones de litros de vino anuales de primera calidad, fraccionados en sus propias plantas. La cooperativa lanzó un tinto de excelente calidad para turistas, que se puede adquirir en restaurantes, hoteles, vinotecas y comercios minoristas de La Rioja. Una suerte de *bonus track* para que los que visiten la provincia, sumen un *plus* a la nutrida oferta turística.

This province provides rustic settings and small towns where the legends of "caudillo" strongmen like Facundo Quiroga and el Chacho Peñaloza still live on. Mountains, ravines, and a historical legacy that is visible in churches and chapels dating back centuries. Olive groves and vineyards, crafts and regional products. Plus, a list of entertainments: horseback riding, hiking, mountain biking, fishing, safaris for picture-taking, identifying the local flora and fauna, and races. The largest wine-producing zone in La Rioja is in Valles de Famatina, in the western part of the province. It is an area that features optimal conditions for cultivating grapevines: an altitude over 1000 meters above the sea, soil enriched by floodwaters, minimal rains, and wide-ranging temperatures on average.

Talampaya

One unmistakable tourists' mecca is the province's nature reserve, Talampaya, in the center of the province's southern area. This park was created to protect large archeological and paleontological deposits, framed in an ineffably beautiful setting. To get there, one must cover 207 kilometers from the capital city of La Rioja, but the deep gorges, the valleys filled with strange-shaped figures carved out by erosion, the colorful sedimentary strata, all these details make the journey well worth with the while.

The La Rioja Cooperative

Founded in 1940, it is located in Chilecito. Combining traditional techniques with state-of-the-art advanced technology, it produces 45 million liters of top quality wine per year, and fractions it in its own plants. The cooperative has started putting out an excellent wine for tourists, and it can be obtained in restaurants, hotels, wine-bars, and specialty stores in La Rioja. This is a kind of "bonus track" for travelers who visit this province, a little extra tidbit in addition to the plentiful tourist options here.

These two provinces are not just made of mountain towns and panoramic landscapes of lakes overshadowed by the Andean range. For quite some time now, the range of options they offer tourists has superceded the tried-and-true attractions of San Martín de los Andes and Bariloche. It has a spectrum of gourmet alternatives, plus ski resorts and the magic of its National Parks. For Argentine wine-lovers, the Patagonian South is also on the map.

Río Negro

This zone's finest virtue is its strong wind and the lack of humidity: these factors favor organic wine production. Among the most renowned wine cellars, it would be key to visit Humberto Canale´s. Here one can feast one's eyes on the French oak barrels and casks, set in the site's original historical context. And of course there is the delight of tasting the top quality wines. At Infinitus, (in Alto Valle, Río Negro province), Domaine Vistalba Incorporated applies the same traditional methods and the same artisan's dedication as one can find in their other prestigious winery in Mendoza province (Fabre Montmayou). Also worth including on the circuit is the Bodega La Estepa winery, where the care given to the vineyards is highly rigorous, in line with organic production.

Neuquén

Established in a desert area that has a conveniently broad temperature range, la Bodega del Fin del Mundo (literally, "the winery at the end of the world") in the town of San Patricio del Chañar (55 kilometers from the capital city) has already produced impressive results in a Malbec wine. Another winery showing great promise is NQN, located in a zone that is atypical for wine-production and, moreover, turning its back on the inclination to export, that plans to launch its first lots of wine on the domestic market here in Argentina.

Patagonia

No sólo de aldeas montañesas y paisajes de lagos custodiados por la Cordillera de los Andes están hechas estas dos provincias. Hace rato que su apuesta turística trasciende la oferta clásica de San Martín de los Andes y Bariloche, con su propuesta *gourmet* y sus centros de esquí, más la magia de sus Parques Nacionales. Para la vitivinicultura argentina, el Sur también existe.

Río Negro

La mejor virtud de la zona es el viento fuerte y la ausencia de humedad, que facilitan la elaboración de vinos orgánicos. Entre las bodegas más destacadas se impone recorrer la de Humberto Canale. Aquí podrá apreciar los toneles y cubas de roble francés en medio de la construcción original, además de degustar vinos de primer nivel. En Infinitus, (Alto Valle de Río Negro), Domaine Vistalba S.A. aplica los mismos métodos tradicionales e idéntica dedicación artesanal que en su otra prestigiosa bodega mendocina (Fabre Montmayou). Digna de incluir en el circuito también es la Bodega La Estepa, donde los cuidados de los viñedos son rigurosos, según las pautas de los cultivos orgánicos.

Neuquén

Asentada en una zona desértica de gran amplitud térmica, la Bodega del Fin del Mundo, en la localidad de San Patricio del Chañar (a 55 km. de la capital) ya arrojó un impactante resultado en la elaboración de Malbec. Otra que apuesta fuerte es NQN, ubicada en una zona atípica para la actividad vitivinícola y que, de cara a la exportación, proyecta lanzar su primera producción de vinos en el mercado interno.

Listado de Bodegas

BODEGAS DE ARGENTINA AC

NOMBRE	TEL/FAX OFIC. (COMERCIAL)	E-MAIL	PÁGINA WEB
Agrestis S.A.	(02941) 15641269	ventas@bodegaagrestis.com.ar	www.bodegaagrestis.com.ar
Altos Las Hormigas S.A.	(0261) 4240790 - Fax. (0261) 4240595	vazquez@altoslashormigas.com	www.altoslashormigas.com
Antonio Gonzalez S.A.	(011) 4571 3849	galan@sion.com.ar	www.vinos-galan.com.ar
Atilio Avena e Hijos S.A.	(0261) 4261152 - 4263081	aavenamz@impsat1.com.ar	www.atilioavena.com
Benegas S.A.	(011) 4806 6577 - Fax. (011) 4805 2390	info@bodegabenegas.com	www.bodegabenegas.com
Berruti y Chini S.A.	(0261) 154 541435	gonzalopulido@arnet.com.ar	s/d
Biodesarrollo S.A.	(0261) 4310252	info@casadecrianza.com.ar	www.casadecrianza.com.ar
Bodega Allochi S.A.	(0261) 425 8574 / Fax. 420 3673	info@allochi.com.ar	www.allochi.com.ar
Bodega Antucurá (Caviar Bleu S.A.)	(0261) 425 5324 / 423 1076	bodega@antucura.com	s/d
Bodega Augusto Pulenta S.A.	(0264) 420 2553 / 2707	bodega@augustopulenta.com	www.augustopulenta.com
Bodega Callia (Casa Vinícola A. Pulenta S.A.)	(0264) 420 0952 / 421 6494	lsalas@bodegascallia.com	www.bodegascallia.com
Bodega Catena Zapata	(011) 4343 1765 - Fax. (011) 4342 9747	relacionespublicas@catenazapata.com	www.catenawines.com
Bodega Cruz De Piedra S.A.	(0261) 4235797 - Fax. (0261) 4298454	cruzdepiedra@impsat1.com.ar	s/d
Bodega del Añelo (Co.Fru.Va. S.A.)	(0299) 442 2006	cofruva@speedy.com.ar	s/d
Bodega del Fin del Mundo	(0299) 4424040	lainversora@lainversora.com.ar	www.lainversora.com.ar
Bodega Don Cristóbal 1492 (Latinfina S.A.)	(011) 4373 8365 - Fax. (011) 4373 0329	infobodega@doncristobal.com.ar	www.doncristobal.com.ar
Bodega Familia Schroeder (María y Adelina S.A.)	(0299) 477 0362 / Cel. (0299) 6370781	info@familiaschroeder.com	www.familiaschroeder.com
Bodega Gargantini Bou S.A.	(0261) 423 8335	gargantinibou@yahoo.com.ar	s/d
Bodega J&F Lurton (J.F.L. Argentina S.A.)	(0261) 4248400 - Fax. (0261) 4248404	bodegalurton@bodegalurton.com	www.bodegalurton.com / www.jflurton.com
Bodega La Azul S.A.	(02622) 422175	shirley@slatinos.com.ar	s/d
Bodega Lagarde (Lagarde S.A.)	(011) 5077 0807	info@lagarde.com.ar	www.lagarde.com.ar
Bodega Medrano Estate (Medrano Estate S.A.)	(0261) 4990526	info@medranowine.com	www.medranowine.com
Bodega Millás Hnos. S.A.C.I.F.I.	(0264) 422 2955 / 421 4685	socasa-millas@sinectis.com.ar	www.bodegasmillashnos.com.ar
Bodega Navarro Correas (Diageo S.A.)	(011) 5776 2800/900	Bodega.Mendoza@diageo.com	www.ncorreas.com
Bodega Ruca Malén (Bacchus S.A.)	(011) 4807 1671 - Fax. (011) 4801 6690	s/d	s/d
Bodega Terrazas de los Andes (Chandon S.A.)	(011) 4590 8000 - Fax. (011) 4326 4430	cmacaya@chandon.com.ar	www.terrazasdelosandes.com
Bodega Tierras Altas (Vargas Arizu S.A.)	(0261) 496 0333 / 1380	vinos@vargasarizu.com	www.vargasarizu.com.ar
Bodega y Viñedos Tapiz (Fincas Patagónicas S.A.)	(0261) 4900202 - Fax. (0261) 4900093	tapiz@tapiz.com.ar	www.tapiz.com.ar
Bodegas Balbi (Allied Domecq Argentina S.A.)	(011) - 4469 8000	ad@adsw.com	www.adsw.com
Bodegas Bórbore (Viñedos Pie de Palo S.A.)	(0264) 497 1482	info@bodegasborbore.com	www.bodegasborbore.com
Bodegas Chandon (Chandon S.A.)	(011) 4590 8000 - Fax. (011) 4326 4429	echifani@chandon.com.ar	www.chandon.com.ar
Bodegas Covisan	(011) 4394 7007/7337 - Fax. (011) 4394 7117	covisan@satlink.com	www.bodegascovisan.com
Bodegas Esmeralda S.A.	(011) 4343 1765 - Fax. (011) 4342 9747	ventas@bodegasesmeralda.com.ar	www.bodegasesmeralda.com.ar
Bodegas Larriviere Yturbe (La Pampa Chabás S.A.)	(011) 4543 5299 / Fax. 4544 0177	bodegasly@ciudad.com.ar	s/d
Bodegas López S.A.	(011) 4774 1975	lopezmza@bodegaslopez.com.ar	www.bodegaslopez.com.ar
Bodegas Nieto Senetiner S.A. (Bga. Carrodilla)	(011) 4833 2065/6600 - Fax. (011) 4832 5493	amantesdelvino@nietosenetiner.com.ar	www.nietosenetiner.com
Bodegas Nieto Senetiner S.A. (Bga. Vistalba)	(011) 4833 2065/6600 - Fax. (011) 4832 5493	amantesdelvino@nietosenetiner.com.ar	www.nietosenetiner.com
Bodegas Norton S.A.	(011) 4583 5145/6 - Fax. (011) 4582 5348	norton_adm@lanet.com.ar	www.norton.com.ar
Bodegas Salentein S.A.	(011) 4131 1100	info@bodegasalentein.com	www.bodegasalentein.com
Bodegas San Huberto S.A.	(011) 4303 5404/08	info@bodegassanhuberto.com.ar	www.bodegassanhuberto.com.ar
Bodegas Trapiche S.A.	(011) 4717 9000	info@trapiche.com.ar	www.trapiche.com.ar
Bodegas Valentin Bianchi S.A.	(011) 4805 2977/2827/0675	informes@vbianchi.com	www.vbianchi.com
Bodegas y Viñedos Aaron Tubert S.A.	(0261) 4233500 - Fax. (0261) 4380620	balbistarhotel@arnet.com.ar	s/d
Bodegas y Viñedos Carmine Granata S.A.I.C.A.	(0261) 498 1033	bodegacarminegranata@arnet.com.ar	s/d
Bodegas y Viñedos Crotta S.A.	(011) 4551 3544/8742	crotta@infovia.com.ar/ vinoscrotta@ciudad.com.ar	www.crotta.com.ar
Bodegas y Viñedos Domingo Hnos. S.R.L.	(03868) 421386/225	info@domingohnos.com	s/d
Bodegas y Viñedos Finca La Anita S.A.	(011) 4328 2625	admin@fincalaanita.com	www.fincalaanita.com
Bodegas y Viñedos Haarth S.A.	(02625) 423157	info@haarth.com	www.haarth.com
Bodegas y Viñedos O. Fournier S.A.	(02622) 45 1579		www.bodegasofournier.com
Bodegas y Viñedos Pascual Toso S.A.	(011) 4866 2250 - Fax. (011) 4865 3901/3522	tosowines@toso.com.ar	www.toso.com.ar
Bodegas y Viñedos Rubino Hnos S.A.C.I.F.A.	(0385) 4340021	info@bodegasrubino.com.ar	www.bodegasrubino.com.ar
Bodegas y Viñedos Rubino Hnos S.A.C.I.F.A.	(0381) 4215506	info@bodegasrubino.com.ar	www.bodegasrubino.com.ar
Bodegas y Viñedos Santa Ana (BVA S.A.)	(011) 4716 8500 - Fax. (011) 4716 8028	mvilchez@bodega-santa-ana.com.ar	s/d
Bodegas y Viñedos Allied Domecq Argentina S.A.	(011) - 4666 8000	ad@adsw.com	s/d

NOMBRE	TEL/FAX OFIC. (COMERCIAL)	E-MAIL	PÁGINA WEB
Bodegas y Viñedos Suter (Suter S.A.)	(011) 4394 7007/7337 - Fax. (011) 4394 7117	suter@satlink.com	s/d
Casa Vinicola Viniterra (Viniterra S.A.)	(011) 4815 5590	info@viniterra.com.ar	www.viniterra.com.ar
Cavas de Chacras (ECESA)	(0261) 4237053	ocfyasociados@aol.com	s/d
Cavas de San Isidro S.A.	(02623) 445806 / 5806 (0261) 155 076854	neymar@topmail.com.ar	s/d
Cavas de Santa Maria S.A.	(011) 4584 8300	info@men.orfila.com.ar	www.orfila.com.ar
Cavas de Santos (Cía. Argentina Vinos de Autor S.R.L.)	(011) 4342 4367	info@cavasdesantos.com.ar	www.cavasdesantos.com.ar
Cavas de Weinert S.A.	(011) 4815 0915	bodegaweinert@ciudad.com.ar	www.bodega-weinert.com
Clément S.A.	(0261) 4292603	cclement@clement.com.ar	www.clement.com.ar
Clos de los Siete S.A.	(0261) 4234230	vitiflor@vitiflor.com.ar	www.closdelossiete.com
Codorníu Argentina S.A.	(011) 4816 9028/29 - Fax. (011) 4816 3471	codorniu.arg@codorniu.com	www.bodegaseptima.com.ar
Colla di Boasi S.A.	(02623) 420622	NO TIENEN	s/d
Corigue S.A.	(02623) 422903 / (02623) 154 165286	NO TIENEN	s/d
Cuarta Generación Cabrini S.H.	(0261) 4880218	ivgcabri@infovia.com.ar	s/d
Cuchillas de Lunlunta S.A.	(0261) 4251564	rsantos@elsitio.net	s/d
Dolium S.A.	(0261) 4900200 - Fax. (0261) 4900190	dolium@dolium.com	www.dolium.com
Domaine Vistalba S.A.	(0261) 4982330 - Fax. (0261) 4982511	domvistalba@infovia.com.ar	s/d
Dominio del Plata S.A.	(0261 498 6572 / 2934	info@dominiodelplata.com.ar	www.dominiodelplata.com.ar
Eclipse S.A.	(0261) 491 0254	bodegaeclipse@infovia.com.ar	s/d
Establecimiento Humberto Canale S.A.	(011) 4307 1506/7990 - Fax. (011) 4362 3436	hcanale@arnet.com.ar	www.bodegahcanale.com.ar
Establecimiento Vitivinicola Escorihuela S.A.	(011) 5238 5050 - Fax. (011) 4555 5127	escorihuelaadm@simza.com.ar	www.escorihuela.com.ar
Familia Cassone S.A.	(0261) 423 3203	bodegacassone@familiacassone.com.ar	www.familia cassone.com.ar
Familia Reina (La Cañada S.A.)	(0261) 4290781/4299531	info@familiareina.com.ar	www.familiareina.com.ar
Finca Alicurá S.R.L.	(0261) 4299299 / 7776 (int. 113)	vilma@fincaalicura.com	s/d
Finca Don Doménico (Bodega Don Doménico S.A.)	(02229) 495433/478	smv@dondomenico.com.ar	www.dondomenico.com.ar
Finca Flichman S.A.	(011) 4326 7300 - Fax. (011) 4393 7301/17	marketing-FF@flichman.com.ar	www.flichman.com.ar
Finca La Celia S.A.	(0261) 4610400	fincalacelia@ccu.com.ar	s/d
Finca Sophenia (Sofenia S.A.)	(011) 4781 9840/4706 0940	consultas_sofenia@fibertel.com.ar	www.sophenia.com.ar
Florida del Tupungato S.A. (de Achával-Ferrer)	(0261) 4984874	sachaval@satlink.com	s/d
García Peralta Wineries & Vineyards	(0261) 4290238	rranftl@yahoo.com.ar	s/d
Goyenechea S.A.	(011) 4952 0274 - Fax. (011) 4954 3997	bodega@goyenechea.com	www.goyenechea.com
Grappolo (de Walter Bressia)	(0261) 4393860	wbressia@ciudad.com.ar	s/d
Grupo Familia Falasco (Bga. Aitor Ider Balbo S.A.A.C.I.)	(02623) 420125 - 420140 - 420146	losharoldos@vinasdebalbo.com	s/d
Grupo Familia Falasco (Bga. Los Haroldos S.A.)	(011) 4780 3330 / 4703 0880 / 4703 5007	losharoldos@vinasdebalbo.com	s/d
Grupo Vitivinícola de Tupungato S.A.	(0261) 4136162/4496066	vinos@gvt.net.ar	www.gvt.net.ar
La Riojana Coop. Vitiv. de La Rioja Ltda.	(011) 4488 6801	lariojana@lariojana.com.ar	www.lariojana.com.ar
La Rural Viñedos y Bodegas S.A. Ltda.	(011) 4343 5224 - Fax. (011) 4334 4856	administracion@bodegalarural.com.ar	www.bodegalarural.com.ar
Leoncio Arizu S.A.	(011) 4331 2206 - Fax. (011) 4331 8863	luigibosca@luigibosca.com.ar	www.luigibosca.com.ar
Lucila I. Bombal S.A. (Estancia Ancon)	(0261) 423 5843 / 429 5035 / 420 0037	bombal@arnet.com.ar	s/d
Marisui S.A.	(0261) 4498800 - Fax. (0261) 4498801	brc@bancoregional.com.ar	s/d
Mayol Bodega y Viñedos (Cursor S.A.)	(0261) 449 9919 - Fax. 449 9917	pedromayol@mac.com	s/d
Michel Torino Hnos S.A. (BVA S.A.)	(011) 4716 8500 - Fax. (011) 4716 8028	mvmt@bodegas-santa-ana.com.ar	www.micheltorino.com.ar
Morchio y Meglioli S.A.	(0264) 422 3773	emorchio@ciudad.com.ar	www.fincaelaltillo.com.ar
P.R. Argentina S.A. (Bga. Mendoza)	(011) 5169 8003	perric@prargentina.com.ar	www.prargentina.com.ar
P.R. Argentina S.A. (Bga. Salta)	(011) 5169 8003	perric@prargentina.com.ar	www.prargentina.com.ar
Peñaflor S.A.	(011) 4717 8000	rvillarreal@penaflor.com.ar	www.penaflor.com.ar
Permasur S.A.	(0261) 496 1820 - Fax. (0261) 496 1819	jean-hughes.matteini@permasur.com.ar	s/d
R. J. Viñedos S.A.	(0261) 4240790 - Fax. (0261) 4240595	vitivinimza@ciudad.com.ar	s/d
Regionales de Uco S.A.	(261) 429 1553	jupa@lanet.com.ar	s/d
Resero S.A.I.A.C. y F.	(0261) 4819000 - Fax. (0261) 4932000	vlopez@cartellone.com.ar	s/d
Richardi Fazio Menegazzo S.R.L.	(0261) 4910459/2458	rfm@rcc.com.ar	s/d
Robino y Cia S.A.	(011) 4544 1400/3503 / 4545 2627	info@bodegarobino.com	www.bodegarobino.com
Saenz Briones y Cia S.A.I.C.	(011) 4488 0864/72	secretaria@saenzbriones.com.ar	s/d
Tittarelli VOSA	(02623) 442990/442040 - Fax. Int. 201	info@tittarellivosa.com.ar	www.tittarellivosa.com.ar
Trivento Bodegas y Viñedos S.A.	(0261) 4990270 - Fax. (0261) 4990269	info@trivento.com	www.trivento.com
Viña Amalia (Finca La Amalia S.A.)	(0261) 4360677 - Fax. (0261) 4360677	fincamalia@nysnet.com.ar	www.vinamalia.com.ar
Viña Doña Paula S.A.	(0261) 4984410 - Fax. (0261) 4986374	ctrad@donapaula.com.ar	www.donapaula.com.ar
Viñas Argentinas S.A.	(0261) 4932011/2019 - Fax. (0261) 4932000	mcimo@vinasar.com	s/d
Viñas de Altura S.A. (ex Bodega Lávaque)	(011) 4776 1554 - Fax. (011) 4775 9733	info@lavaque.com	www.lavaque.com
Viñedos de Don Antonio S.A.	(0261) 4200800 - Fax. (0261) 4203546	vinedosdonantonio@infovia.com.ar	s/d
Viñedos de la Patagonia S.R.L.	(0299) 443 1069 / 155 803195	vinpat@speedy.com.ar	s/d
Viñedos Los Maitenes S.A.	(0261) 4292527	estudio_correas@lanet.com.ar	s/d
Viñedos Y Bodegas Carlos González Videla S.A.	(0261) 4482261/ 2455	ccantu@infovia.com.ar	s/d
Viñedos y Bodegas Jose Orfila Ltda. S.A.	(011) 4584 8300	info@men.orfila.com.ar	www.orfila.com.ar
Vinorum	(0261) 497 2246	altierisa@impsat1.com.ar	s/d

Goldin, Carlos Jorge

Secretos del malbec argentino. - 1a. ed. -
Buenos Aires: el autor, 2004.
200 p. , 30x25 cm.

ISBN 987-43-8034-9

1. Vino Malbec. I. Título
CDD 665.2